수필로 그리는 자화상 16

허창옥 수필선집
길 떠나기 그리고 걷기

수필로 그리는 자화상 16

허창옥 수필선집

길 떠나기 그리고 걷기

인쇄 | 2024년 4월 5일
발행 | 2024년 4월 11일

글쓴이 | 허창옥
펴낸이 | 장호병
펴낸곳 | 북랜드
　　　　06252 서울시 강남구 강남대로 320, 황화빌딩 1108호
　　　　41965 대구시 중구 명륜로12길 64(남산동)
　　　　대표전화 (02)732-4574, (053)252-9114
　　　　팩시밀리 (02)734-4574, (053)252-9334
　　　　등록일 | 1999년 11월 11일
　　　　등록번호 | 제13-615호
　　　　홈페이지 | www.bookland.co.kr
　　　　이-메일 | bookland@hanmail.net

책임편집 | 김인옥
기　　획 | 전은경
교　　열 | 배성숙 서정랑

ⓒ 허창옥, 2024, Printed in Korea
저자와 협의하여 인지를 생략합니다.

ISBN 979-11-7155-056-2 03810
ISBN 979-11-7155-057-9 05810 (E-book)

값 12,000원

길 떠나기 그리고 걷기

허창옥 수필선집

북랜드

머리말
움트다

    움이 튼다. 일터 담벼락에서 겨울을 난 장미, 금은화, 찔레의 마른 줄기들에 작고 여린 새순이 돋는다. 연둣빛이다.
    등단 34년, 쓰기를 열망했고 읽기에 엎어졌다. 그런 시간에 나는 복되었다. 멋진 유희遊戲였다. 이제 나이 들었다. 무릇 생명을 사랑하고 인간을 연민하며 타자와 세계를 향해 열려있는 사람이 되어있어야 마땅하다. 하지만 나는 여태도 간장 종지만 하다.
    지난 3년여를 인류는 COVID-19에 노출되어서 수많은 인명을 잃었고, 경제적으로 문화적으로 정신적으로 격심한 고통을 겪었다. 지금도 지구 여기저기서 전쟁을 하고 있으며 수많은 사람들이 살상되고 길에 버려졌다. 그런 시대를 함께 살아내면서 인류는 공동운명체라는 걸 절감했다. 기후문제가 발등에 불로 떨어졌다. 그럼에도 나는 여전히 검정 비닐봉지와 1회용 플라스틱 용기를 잘도 쓰고 버린다. 기껏해야 그런 걸 줄일 수 있는데 그마저도 잘하지 못한다. 그저 수필 한 편에 머무르고 있다. 이게 나다.

이래서 저래서 묶은 책이 열 권이 되었다. 이번에 또 기회가 주어져서 선집을 묶게 되었다. 별로 새로울 게 없다. 얼마 전에 산문집 『오후 네 시』를 펴냈는데 솔직하게 말하면 오후 여덟 시쯤 된 것 같다, 내 시간이. 생물학적 나이든 문단의 연륜이든 나는 저물었다. 어찌하랴. 그대로의 나를 사랑하자. 그리 생각하니 움트는 이 봄날이 눈물겹도록 감사하다.

　북랜드에서 기획한 수필선집의 주제가 〈수필로 그리는 자화상〉이다. 한때 각 분야에서 〈나의 ○○ 나의 삶〉과 유사한 글들이 유행했었다. 물론 내게도 〈나의 문학 나의 삶〉을 쓸 기회가 있었다. 그런 류의 글을 여러 편 썼었는데 일종의 수필적 자아自我, 또는 나의 '수필론'이라 할 수 있겠다. 세 편을 택해서 1, 2, 3부의 말미에 넣었다. 렘브란트의 자화상처럼 수필에는 빛과 어둠이 공존하며, 경건함과 키치가 혼재한다. 과연 한 편의 수필 더구나 한 권의 수필집은 작가가 글로써 그린 자화상이라 할 수 있지 않겠는가.

    4부는 그동안 펴낸 수필집과 산문집들의 표제작을 순서대로 앉혀 놓았다. 본격수필을 쓸 때는 수필문학에 대한 자긍심 그리고 묵직함 같은 것이 생긴다. 내가 산문이라 일컫는, 소재도 길이도 제멋대로인 글을 쓸 때는 본격수필을 쓸 때와는 좀 다른 자유와 가벼움을 느낀다. 두 가지의 다름, 그 시간을 즐긴다.

    5부는 사투리수필이다. 사투리에 애정을 가지고 있으며 그 보존에 대해서도 어느 정도 부채감을 가지고 있다. 사투리에는 태생적이고 근원적인 그리움이 배어 있다. 할머니 어머니가 쓰시던 찰떡같은, 그 맛있는 말들! 그 시대를 살아낸 사람들의 정情과 한恨이 서려 있는, 그 무명옷 같은 말들!

    움이 튼다, 아, 나도 다시 움트고 싶다. 삶이든 문학이든.

2024년 봄

지원 허창옥

차례

■ 머리말 | 움트다

1부 꽃분이들을 위한 헌사

꽃분이들을 위한 헌사 14
내 가슴에 둥실 떠오른 달 18
유장하게 또는 유유하게 22
진주식당에서 밥을 먹고 싶다 26
늦은 밤 30
허○○ 백신접종記 33
한낮의 한담 36
하루살이에게 경의를 40
오직 커다란 해바라기로 44
길 떠나기 그리고 걷기 48

2부 넘어지다

자화상 56
시 또는 약 60
넘어지다 64
우리 잘 늙고 있다 67
두통 때문에 70
누룽지의 시간 74
김순분 아지매의 비닐봉지 77
그러니 어쩌면 좋으랴 81
그들도 나도 85
일흔, 나 89
살아내기 그리고 글쓰기 93

3부 내 책상 위

우리가 사랑하는 인간 98
그저, 웃다 101
내 인생의 저녁 104
닮은꼴 셋이다 108
소소한 일상 112
밀정 그리고 송강호 116
삶에 감사하며 120
내 책상 위 123
섬, 단순하고 조용한 삶 126
길 그리고 그물망 131

4부 오후 네 시

말로 다 할 수 있다면 140
길 144
먼 곳 또는 섬 148
새 152
감감무소식 155
세월 159
섣달그믐밤 163
국화꽃 피다 167
그날부터-프롤로그 169
오후 네 시-프롤로그 171

5부 사투리 수필

울 할매 176
옴마, 옴마, 울 옴마 180
잔아부지 진갑잔치 185

■ 작가 연보 189

1

꽃분이들을 위한 헌사

꽃분이들을 위한 헌사

꽃샘바람이다. 바람 속에서 신천의 수양버들은 연둣빛의 길고 풍성한 가지들을 멋들어지게 흔들고 있다. 늘어선 버드나무들의 배경에 이제 곧 개나리가 만개하겠다. 바람은 꽃을 샘내지만 꽃은, 여린 꽃들은, 세상의 모든 꽃들은, 바람을 이겨내고 아름다이 피어서 열매를 맺고 씨앗을 퍼뜨린다. 그리하여 제가 귀한 꽃임을, 세상을 세상이게 하는 환한 꽃임을 그 한살이로 보여준다.

분출이란 여인이 있다. 일흔한 살이다. 위로 언니가 여섯이나 있었단다. 칠공주의 막내다. 그 여인이 이름의 내력을 얘기했을 때 정말이지 아연했다. 나는 요즘의 젊은이도 아니고 그런 이름이 생긴 시대적 또는 심리적 배경을 알고도 남을 만큼 나이를 먹었다. 하지만 이건 좀 심하다는 생각이 들었다. 셋째부터 딸막이, 분남이, 말남이('남'에는 동생이 남아로 태어났으면 하는 염원이 담겨있다.)를 무슨 부적처럼 붙였건만 기어이 분출씨가 태어난 것이다. 가루 분粉, 단장할 분이다. 나쁠 까닭이 없다. 오히려 예쁘다. 날 출出, 뭐 이것도 그리 나쁘지는 않다. 예쁘거나 세련되지는 않지만 글자 자체에 문제가 있어 보이지는 않는다.

하루에 수십 명의 이름을 확인하고 소통하며 일을 한다. 예쁘거나 우아하거나 때로는 그 뜻이 준엄하기까지 한 이름들을 대하게 된다. 하지만 반대의 경우도 심심찮게 만난다. 나이 지긋한 여성의 이름들이 특히 그렇다. 중학교 때 내 친구 중에 분희가 있었다. 그 이름은 내 이름처럼 예사로운 이름이었다. 그 친구도 나도 이른바 딸부잣집의 셋째 딸이다. 내게 붙여진 평범한 이름에 딱히 불만은 없었지만 나는 은지, 현수, 소영이 같은 예쁜 이름을 부러워했었다. 어느 날 분희가 말했다. 또 딸을 낳아 분해서 분희란 이름을 지었다고. '분해'가 아닌 게 어디냐고 말하며 깔깔 웃었다. 내 이름은 감지덕지네 하면서 나도 웃었다.

분출씨는 '분하다'가 거의 극에 달한 일곱 번째 딸이다. 시어머니, 그러니까 분출씨의 할머니가 부엌에서 미역국을 끓이면서 "무신 놈의 배 속에 가시나만 소복이 들었노!"라고 혼잣말을 했는데 방금 일곱 번째 딸을 낳은 엄마가 들어서 울고 또 울다가 아기를 이불로 덮을까, 얄궂은 생각을 하다가, 화들짝 놀라서 아기를 안고 잘못했다고 말하면서 또 오래 울었다고 한다. 배 속에 딸만 소복이 들어있었던 여인은 소실이 비단치맛자락을 펄럭이며 당당하게 입성해도 보고 있을 수밖에 없었다. 생물학적으로 태아의 성별을 결정짓는 게 여성의 탓이 아니라는 걸 이제 모두들 알고 있다. 하지만 그런 시절이 있었다.

지난 일은 지난 일이니 돌이킬 수가 없다. 오호, 애재라!

며칠 전에 '분통'이란 이름을 가진 여인이 왔다. 나는 그 이름을 부를 수가 없어서 그냥 눈을 맞추며 소통을 했다. 내가 아는 이름들을 대충 나열하면 이렇다. 끝남이, 분생이, 분남이, 딸막이, 또순이, 그리고 위의 분출이, 심지어 분통이. 물론 이런 이름들 중에서 아기를 낳은 여인을 압박할 의도 없이 정말로 그 이름이 어여뻐서 지은 경우도 없지는 않을 터이다. 그분들에겐 대단히 미안하지만 '분'이 붙여진 연유가 대개 그러했다는 얘기다.

다행이다, 정말 다행인 것이 이미 오래전에 그런 세상이 끝났다는 것이다. 딸이든 아들이든 금이야 옥이야 차별이 없다. 이젠 누나가 먼지 자욱한 공장에서 실 풀어서 남동생 공부시키는 세상이 아니다. 또 딸을 낳았다고 미역국조차 끓여주지 않는 시어머니도 없다. 출산은 경사 중의 경사다. 더 이상 아기의 성별에 따라 축복의 강도가 달라지는 시대가 아니다.

생각해 보면 세상의 모든 분출씨들이 세상의 모든 딸들과 아들들을 낳았고 그 아이들이 성장하여 또 금쪽같은 아기들을 낳았다. 생명들이 이어지고 이어져서 인류가 되고 세계를 형성하였다. 개개의 인간은 숭고하며 인류는 유장하고 장엄하다.

이제는 할머니가 된 세상의 모든 분출씨들에게 찬사를 보낸다. 그들의 이름 위에 꽃으로 엮은 관을 씌워드린다. 꽃분이, 꽃분이님, 여기에서 꽃은 흔히들 생각하듯 여성이란 의미의 꽃이 아니다. 말 그대로 꽃이다. 비할 바 없이 아름다운 꽃이다. 오랜 습속 때문에 까닭 없이 서러움을 당한 그들에게, 그럼에도 굳건하게 잘 살아온 그들에게, 경의를 표하며 붙여드리는 '꽃'이다. 김꽃분님, 이꽃분님, 박꽃분님.

꽃샘바람이 불어도 꽃은 피고 꽃들이 피어서 세상은 아름답다. 그런 세상을 만들어준 '시대'의 어머니들에게 이 글을 바친다.

내 가슴에 둥실 떠오른 달

"혁오밴드"가 '큰새'를 노래한다. 노랫말이 담고 있는 내용을 풀어보면 이렇다. 하늘을 그저 검은 지붕이거니 여기며 달 한 번 쳐다볼 여유 없이 날갯짓을 해온 새가 어느 날 문득 어른(큰새)이 되어있는 자신을 발견한다. 하지만 그뿐, 큰새는 여전히 옆을 바라볼 여유가 없다. 쉴 틈이 없다.

처음 들어본 노래다. 가사의 내용은 깊고 가수의 목소리는 매력적이다. '새'를 제목으로 한 수필을 썼고 그것을 표제로 수필집을 낸 나에게는 노래 '큰새'가 예사롭지 않다. 내 글에도 늦은 밤까지 강물에 발 담그고 먹이를 찾는, 아직 하루치의 일을 마치지 못한 검은 새가 나온다. 글의 주제는 자유이고 이 노랫말에 담긴 염원은 쉼, 그러니까 여유인 것 같다. 맥이 통한다.

새가 나는 것은 생존을 위해서이며, 치열한 생존의 한복판에선 옆을 살펴볼 여유가 없는 법이다. 무릇 생명을 가진 자의 일이라 공감하면서 노래를 듣는데 얼마 전에 있었던 문학행사가 생각난다. 주제가

"신천에 빠진 달 길어 올리기"였다. 신천둔치를 걸으며 말 그대로 신천에 얼비치는 달을 보자는 작가들다운 발상이라 할 수 있겠다. 그런데 그날이 하필 음력으로 그믐이었다. 집행부는 "신천에 빠진 달 길어 올리기"란 플래카드와 '달아달아 밝은 달아' '달달 무슨 달 쟁반같이 둥근달'을 새긴 두어 개의 삼각 깃발도 들고 나왔다. 달도 없는데 심하다고 말하면서도 모두들 재미있어했다. 역설이고 해학이다. 달이 없으면 어떠랴. 가슴속에 품은 달을 끄집어내어 신천에 헹구어서 길어 올리면 그만이지. 그쯤은 되어야 작가라 할 수 있지 않겠는가.

　신천은 대구를 남에서 북으로 가로지르는 강이다. 본디 천연의 강이었으나 지금은 군데군데 보를 만들어서 가두었다가 풀었다가 하는 인공의 강으로 바뀌었다. 신천둔치는 푸르스름한 새벽부터 늦은 밤까지 산책을 하거나 여기저기 마련된 운동기구들로 운동을 하는 사람들의 발길이 끊이지 않는 시민들의 휴식처이다. 다만 보에 갇혀있는 물은 자주 더러워지고 보 아래는 대개 바닥을 드러내고 있는 형국이어서 유감스럽긴 하다. 그 며칠 전 긴 가뭄 끝에 단비가 흠뻑 내려서 그날은 강물이 콸콸 흘렀다. 문우들이 환호를 했다. 떼를 지어 유영하는 잉어들의 군무를 넋 놓고 들여다보고 있는데 누군가가 매운탕 운운해서 여럿이 웃음을 터트렸다.

　처음 본 가수의 처음 듣는 노래에서 내게로 건너온 건 '그래, 내가 오래 달을 잊어버리고 살아서 마침내 달을 완전히 잃어버렸구나.' 하는 자각이다. 신천을 거닐면서 그토록 기꺼웠던 것도 모처럼의 좋은 시간이기도 했지만 그믐밤에 달을 길어 올리겠다는 그 서정이 참으로 마음에 들었기 때문이다. 그때의 기분이 아직도 남아서 흔흔한데 오늘 노래를 듣고 새삼 그믐밤의 그 보이지도 않은 달이 내 하늘에, 내 가슴에 둥실 떠오른 것이다. 오, 나는 둥실 떠오른 달을 큰새에게 보여주고 싶다. 큰새와 함께 보고 싶다.

토끼가 떡방아를 찧던 달은 오래전에 사라졌고, '쟁반같이 둥근달'도 잊어버렸다. '이태백이 놀던 달'도 까마득히 멀어진 채로 살고 있었다. 가슴에서 달이 지워졌던 게다. 하늘이 푸른지 검은지 쳐다볼 여유 없이 짧지 않은 세월을 잘도 살아왔다. 언제나 바빠서, 사는 것이 너무 팍팍해서, 달보다 가로등이 훨씬 밝아서, 초승달부터 보름달 그리고 그믐달까지 차고 이우는 그 신비로움을 잊어버린 채 살았다.

나뭇가지에 걸린 달을 보고 동네 개가 짖는 정경도 빛바랜 동화책이 되었다. 지창에 비친 달그림자를 보고 시를 짓고 묵화를 그리던 선인들의 풍류도 낡은 고전이 되었다. 물론 달을 전혀 보지 않은 것은 아니다. 하얀 낮달을 보기도 했고, 이따금 잘생긴 둥근달을 만나기도 했다. 추석이나 정월대보름이면 보름달을 보겠다고 낮부터 벼르다가 정작 초저녁엔 깜박해서 깊은 밤에 아차! 할 때도 더러 있었다. 그러니까 달을 보기는 했으되 정을 품지 않았다는 얘기가 된다.

자, 이제 좀 더 유정한 마음으로 달을 바라보자. 달이 있는 밤에 쏟아지는 별들도 함께 볼 수 있으면 더할 나위 없겠지만 별들은 웬만해서 보이지 않는 하늘이 되어버렸다. 달을 보면서 살자고 새삼스레 주

절대는 것은, 뜬금없이 '달 타령'을 하는 까닭은 그 달이 '큰새'가 잃어버린 여유이며 동시에 내가 놓쳐버린 마음자리이기 때문이다. 그게 해든 달이든 내가 바라보아야 할 것은 한 자락 여유이며 비워두어야 좋을 여백인 것이다.

유장하게 또는 유유하게

　물소리 고요하다. 낮은 소리로 낮게 흐른다. 비슬교 아래 계곡이다. 물은 많지 않고 소리도 약하지만 앉아서 쉬기엔 부족하지 않다. 비슬산 산행을 마치고 내려오다가 발을 담그고 싶었다. 나는 계곡을 좋아하고 흐르는 물소리를 많이 좋아한다. 그만 내려가자는 남편을 붙잡고 갈 길을 늦추었다.
　다리는 높다. 풀숲 사이로 좁은 길이 나 있다. 발자국들이 만들어 냈을 길 아닌 길을 따라 내려왔다. 길은 본시 그런 것이다. 그게 물리적 길이든 추상적 개념이든 길은 먼저 걸어간 사람들이 다져놓은 것이다. 바윗돌들을 위태롭게 밟으며 들어왔다. 사람들이 많다. 남자들, 여자들, 아이를 데리고 온 젊은 부부들이 자리를 깔고 혹은 자리도 없이 따로 또 같이 앉아서 한나절을 보내고 있다. 아예 누워서 낮잠을 즐기는 이들도 있다. 아이들 소리 왁자하다. 사람들이 모여 있는 자리면 어디에서나 볼 수 있는 음식 상자들, 소주병들 그리고 화투판도 보인다.

1부-꽃분이들을 위한 헌사

참한 돌을 골라 앉는다. 운동화와 양말을 벗어서 옆에 두고, 쥘부채도 접어두고, 좀 과장해서 말하자면 나는 이제 선경仙境에 들려 한다. 선仙이란 결코 이를 수 없는 경지란 걸 잘 알고 있다. 다만 그런 기분이고 싶다는 것이다. 비슬산의 수려한 경관에 매혹당하며 시간을 보내고 지친 발을 적신다. 흐르는 물은 맑디맑다. 비슬교 아래 앉아서 눈을 감으니 그 이름처럼 어디선가 비파 소리, 거문고 소리가 나는 것 같은 착각에 빠진다.

하얀 원피스를 입은 예닐곱 살쯤의 아이가 허리를 숙이고 물속을 들여다보고 있다. 검은 나비 한 마리가 날아오더니 아이의 등에 앉는다. 흑백이 명징하다. 아이도 나비도 예쁘다. "아빠, 잡았어!" 아이가 허리를 펴니 나비는 팔랑거리며 숲속으로 사라진다. "여기 담아라." 빨간 플라스틱 채를 들고 열심인 아빠는 고개도 들지 않고 대답한다. 슬쩍 넘어다보니 다슬기 여남은 개가 얹혀있다.

남편은 그늘이 내려온 바윗돌에 앉아서 땀을 식히고 나는 오후의 따끈따끈한 햇살을 받으면서 물소리를 듣고 있다. 오래전, 지리산 산청계곡에서 들었던 물소리를 잊을 수가 없다. 전날 폭우가 내렸었다. 불어난 물이 뇌성처럼 소리를 지르며 흘렀다. 거칠고 사나웠다. 그때 나는 삼십대였다. 무서웠고 가슴이 떨렸지만 그 미친 것 같은 물소리가 좋았다. 젊음 탓이었겠다.

그날의 물소리를 떠올리면서 하염없이 앉아 있다가 무심코 눈을 드니 바로 앞에 잘생긴 오동나무가 보인다. 오동나무는 언제 보아도

의연하다. 가지들이 나뉘는 곳에 생긴 옹이들마저 아름답다. 옹이에는 한살이를 살아내고 있는 나무의 고통이 뭉쳐져 있을 터, 외경을 느낀다. 바람이 넓적한 잎사귀들을 살짝 흔들더니 내 얼굴을 만지고 종아리에 감긴다. 촉감이 비단실 같다. 발은 물속에서 시원하다.

악동 서넛이 물총놀이를 한다. 그 물 한 줄기가 나를 쏘았다. 시원하다. 아이들은 즐겁고 어른들은 떠들거나 잠을 자고 나는 홀로 물소리를 즐긴다. 물소리라고 했으나 너무 고요해서 소리가 없다. 산청계곡의 물은 유장했고 여기 비슬교 아래 흐르는 물은 유유하다. 유장하거나 유유하거나 물은 그저 흐를 뿐이다. 사람의 한 생애도 그렇다. 그저 살아가는 것이다. 때로 유장하게 때때로 유유하게.

사람의 한 생애가 그렇다고? 내 삶이 유장했다고 할 수 있을까. 내 언제 휘몰아치는 폭풍우를 견뎌냈던가. 땀 흘리는 노역을 했던가. 사회구성원으로서, 글 쓰는 사람으로서 목소리 한 번 제대로 냈던가. 오, 그러나 나는 나대로 치열하게 살았다. 지금도 그렇고 남은 날들도 그럴 것이다. 한낱 필부의 삶이라 할지라도 들여다보면 대개 신산하고 더러는 몹시 지난하다. 하여 살아냈다는 것만으로도 무릇 생애는 유장한 것이다. 그러니 용서하시라. 내 생애 또한 그러려니 감히 유장했고, 유장하다고 말할 수도 있겠다.

난감한 건, 유유했노라고 말할 자신이 없다는 것이다. 밥벌이에, 글쓰기에 쫓기는 건 물론이려니와 쓸데없는 일들에까지 휘감겨서 늘 전전긍긍하며 살아가고 있다. 바쁘다. 그런데 그 바쁘다는 게 일 때문이 아니라 마음 탓이란 걸 모르지 않는다. 몸도 마음도 편안해지고 싶은데 그게 안 된다. 정말이지 물 흐르듯 살고 싶다, 콸콸 졸졸.

　물소리는 만사를 잊게 한다. 내 속에서 일어나는 시끄러운 소리들이 물소리에 얹혀 떠내려간다. 세상에 가득 찬 크고 작은 소리들도 잠재워준다. 나는 한 사람 길손이 되어 지친 발을 물속에 담그고 탁족의 한때를 보내고 있다. 발을 씻고 나를 씻는다.

　곧 수천수만 가지 세상사가 뒤얽힌 일상으로 돌아가겠지만 이 시간 나는 온전히 평화롭다. 도무지 일어날 생각이 없는데 어스름이 내려와 계곡을 덮는다. 가야지, 가서 또 살아봐야지. 유장하게 또는 유유하게.

진주식당에서 밥을 먹고 싶다

　다리를 건너면 시장이다. 나지막한 다리를 사람들이 연신 오고 간다. 짐을 실은 오토바이가 사람들 사이를 위태롭게 지나간다. 줄지어 선 가로등들이 얕은 강바닥을 훤히 비춘다. 홀로 떠 있는 상현달이 무색하다.
　다리를 뒤로하고 시장으로 통하는 돌계단을 오른다. 구겨진 종이컵, 찢기고 뭉개진 새우깡 봉지, 바나나 껍질들로 계단은 지저분하다. '강변분식' 앞을 지나는데 왁자하고 걸쭉한 말소리가 열린 문밖으로 쏟아져 나온다. 주류일체, 안주일절을 조잡하게 써 붙인 허름한 점포다. 비 얼룩과 해묵은 먼지로 누렇게 변했지만 흰색으로 봐야 할 바탕에 검정색 글씨로 '강변분식'이라고 정직하게 쓴 '정직한' 가게, '일체'와 '일절'이 서로 어색하지 않은 가게, 탁자라고는 달랑 두 개뿐인 가게를 슬쩍 들여다본다. 소주 몇 병을 사이에 두고 중년 사내 둘이 큰 소리로 떠들며 잔을 주거니 받거니 한다.
　초저녁인데 셔터를 내린 점포들이 많다. 천막으로 씌우고 고무밧

줄로 묶어놓은 물건들이 양쪽에 죽 늘어서 있다. 물건들은 그렇게 제자리에서 까무룩 잠이 들고 주인들은 하루치의 먼지를 탁탁 털며 현관에 들어서고 있을 시각, 그 남자 그 여자들을 생각하며 나는 후미진 시장골목을 걷는다. 자잘한 푯말들이 많다. '경비구역 CCTV 24시간 작동' '목욕관리사 전문 학원' '영남다방'들이 빨간 글씨, 파란 글씨로 주렁주렁 매달려 있다.

　대구참기름, 호야해물, 깐 마늘 부대와 찧은 마늘 봉지들을 쌓아놓은 신영농산물 등등을 지나니 비린내 질펀한 어물전이다. 그 한구석에 쳐놓은 노끈 빨랫줄에서 빨아 넌 목장갑들이 피데기오징어처럼 몸을 말리고 있다. 그리고 청과시장이다. 그렇지, 여기에 온 것이지. 시장통로들을 걸으며 온갖 곳에다 코를 들이대다 보니 무슨 일로 나온 것인지를 잊어버렸다. 귀갓길 손님을 기다리는지 과일가게들은 눈을 빤히 뜨고 있다. 젊은 부부가 사과 여남은 개를 연두색 투명비닐에 담는다. "깎아주세요." 새댁이 배시시 웃는다. "깎아 잡수쇼." 에누리해달라는 걸 모른 척 받아치는 가게 남자가 능청스럽다. 사과와 바나나의 태깔을 요모조모 살피며 서성거리는 내 옆에서 남자가 사과를 한입 베어 물고 우적우적 씹는다. 그 모습이 밉지가 않다.

　사과, 바나나, 방울토마토를 담아들고 큰길로 나온다. 태평양약국, 백악관 나이트클럽, 그릇백화점들이 내보내는 불빛이 찬란하다. 자동차들이 연이어 지나다니고 행인들은 어디론가 바쁘게 걸어간다. 문득 시장기를 느낀다. 저녁밥을 먹지 않았구나. 뭘 좀 먹을까 하고 둘러보니 건너편에 '진주식당' 새빨간 간판이 보인다. 진주식당이라? 잠시 망설이다가 길을 건넌다. 강은교 시인이 쓴 「진주식당에서」란 시가 생각나서이다.

> 지금 나의 옆 벽에는 네덜란드의 풍차가 있는 그림이/ 아니 사진이, 아니 그림이, 아니 사진이/ (나의 판단을 기다리고 있다) 그림 속의/ 아니 사진 속의 풍차는 지금 마악 돌아가려고/ 하고 있다. 풍차 곁의 헛간에는 (고동색이다)/ 노오란 햇빛이 내려 비치고 방금 머리를 감은/ 한 처녀가 (보이진 않지만) 문을 연다./ 삐이걱 하는 소리가 햇빛에 가려 흐리게 들린다. 아니 보인다/ …지금 마악 된장찌개가 도착했다…
> – 「진주식당에서」, 강은교

식당 벽에 붙은 그림인지 사진인지에서 풍차는 돌아가려 하고 그림에는 보이지 않는 처녀가 방금 머리를 감고 나온다. 정지된 풍차는 돌아가고, 없는 처녀가 보이고, 소리는 들리는 게 아니라 보인다. 그게 시인의 눈이며 귀다. 풍차 그림이 붙어있는 그 식당이 지금도 진주에 있을까. '진주식당'에서 밥을 먹으면 내 시각과 청각도 그 경계를 넘나들 수 있을까. 오, 이런! '30년 전통 원조 닭곱창 볶음'이란 큰 글씨가 비스듬히 붙어있다. 닭곱창! 낯설다.

돌아서서 걷는다. 다시 돌계단이다. 계단을 내려서서 강둑을 걷다가 되돌아본다. 시장 벽에 '방'들이 붙어있다. 국민체조식당, 결혼중매박사, 별별 간판도 다 있다. 그 별별 간판들이 내게 별별 이야기들을 늘어놓는다. 얼마나 고단하며 얼마나 아픈지, 얼마나 치열하고 얼마나 절절한지, 그럼에도 또 얼마나 행복하고 희망에 차 있는지를 주절주절 두런두런 이야기한다. 사람들과 그들을 먹여 살리는 물건들이 다 귀하고 낡은 간판들이 예쁘다. 시장골목을 어슬렁거리는 기분이 꽤 괜찮다. 시장에 오면 더 많이 보이고 더 크게 들린다. 내가 사람들 속에서 살고 있구나, 뜨거운 마음이 생긴다. 힘이 난다.

 자전거들과 신발들 사이를 걸어서 집으로 간다. 배가 고프다. 언제 한번 진주식당에서 '닭곱창 볶음'을 먹어 보아야지.

늦은 밤

 늦은 밤, 이 시간을 가장 좋아한다. 늦잠을 자고 늦은 아침을 먹고 앉았다 누웠다 하며 하루를 푹 쉰 일요일의 늦은 밤은 더할 나위 없이 귀하다. 이 깊은 밤에 나는 책을 읽거나 오늘처럼 몇 줄 문장을 쓴다.
 낮에 아들이 와서 수육을 만들어주었다. 요리에 관한 한 나는 영 젬병이어서 최소한의 음식만 만들고 간소한 상차림으로 하루하루를 근근이 넘기며 평생을 살아왔다. 아이들에게 이렇다 할 음식을 만들어준 기억이 거의 없다시피 한데, 그러니까 어깨너머로도 배울 기회가 없었을 텐데 뜻밖에도 아들은 요리를 잘한다. 순전히 먹고 싶은 욕망이 낳은 재능일 터이다. 어떤 음식이 먹고 싶으면 재료를 사들고 집에 온다. 별별 색다른 요리를 다 해내는 게 신통하다.
 찜통에다 양파와 대파, 사과를 쑹덩쑹덩 잘라 넣더니 계핏가루 믹스커피 가루를 쏟아붓고도 이것저것을 더 넣어서 육수를 끓인다. 핏물을 뺀 돼지고기를 길고 두껍게 잘라서 육수에 담근다. 불을 낮추고 한참을 더 끓인다. 그런 과정을 나는 자꾸 들여다보는데 한사코 텔레비전이나 보시라고 한다. 맛있게 해드리겠다. 앉아서 드시기만 하라. 제 나름의 효도방식이기도 하다.

텔레비전 앞에 신문지를 펴놓고 남편과 마주 앉아서 땅콩을 깐다. 며칠 전에 친구가 주고 간 것인데 그동안 까칠하게 말라버렸다. 껍질을 깨고 땅콩을 꺼내는 게 여간 힘들지 않다. 엄지손가락에 힘이 들어가고 껍질의 까칠한 조각들이 손을 찔렀다. 그렇게 반 정도를 까고 나서야 이거 찜통에 쪄서 껍질이 부드러워지면 까자는 말이 나왔다. 그렇게 일머리가 더디게 터진다. 당연히 손과 팔이 고생을 했다.

가지런하게 썰어서 쟁반에 담고 파슬리 가루를 뿌려서 모양을 낸 수육에 김치를 곁들여서 먹었다. 수육은 뜨끈뜨끈하고 고소했다. 먹는 게 행복의 80%라고 당당하게 말하는 아들은 가끔 이탈리아 요리도 해주고 그날 기분에 따라 일식, 중식 요리도 만들어 준다. 우리 가족의 빈약한 밥상은 그 아이의 맹렬한 식욕 덕분에 자주 풍성해진다.

제 물건을 주섬주섬 챙겨서 아이가 가고 거실에 다시 신문지를 넓게 편다. 딸아이가 간편한 미용기구를 가지고 나온다. 나는 거실 불을 더 밝게 켜고 신문지 가운데에 앉아서 어깨에 비닐덮개를 두른다. 코로나19가 이 지역에 창궐했을 때 아쉬운 대로 집에서 머리카락을 자르기 시작했는데 딸의 솜씨가 일취월장하여서 그길로 내리 집에서 머리를 손질한다. 미용전문가에게는 미안한 일이지만 편하다.

잘 쉬고 잘 먹었다. 내일은 모두 일터로 간다. 각자의 가슴에 제 몫의 걱정거리와 산적한 과제들이 고스란히 남아있음에도 불구하고 시간과 열정이 조만간 그리고 머지않아서 해결해 주리라는 믿음을 갖고 또 한 주를 살아갈 터이다.

  편안한 하루였다. 커튼을 열고 창밖을 내다본다. 초저녁에 아파트 앞 동 위에 걸려있던 열이틀 달은 보이지 않고 밝은 별 하나 떠 있다. 신천 고가도로 위에는 아직 귀가하지 못한 자동차들이 전조등을 쏘며 쌩쌩 달린다. 가로등 불빛이 신천에 길게 누워 있다. 강 건너 시장과 이쪽 마을을 잇는 작은 다리 위를 두어 사람이 걷고 있다. 아파트 마당의 나무들은 바람에 흔들리고 놀이터는 잠들어 있다.

  세상의 온갖 소리, 그것은 터져 나오는 환희일 수도 있고 지난한 삶이 내지르는 신음이나 비명일 수도 있지만 그 모든 소리들은 창밖에 있다. 물론 내 안에도 소리가 있지만 지금 그 소리를 들으려 귀를 기울일 필요는 없다. 그냥 밤의 안식을 감사히 받아 안으련다.

  자정을 향해가는 이 시각이 되면 보통은 독서등을 켜고 누워서 한 시간쯤 책을 읽는다. 요 며칠 소설 「아몬드」를 읽었다. 선천적으로 뇌의 편도체가 작아서 감정을 느끼지 못하고 표현하지 못하는 소년이 감정을 학습하면서 살아가는 성장소설이다. 상대의 감정을 읽지 못하고 화를 낼 줄도 모르며 위험을 감지하지도 못하는 소년은 그러나 견디고 이겨내며 바르게 성장한다. 소설 속 소년에게서 인간에 대한 희망을 본다. 늦은 밤의 책 읽기, 은총 같은 시간이다.

  늦은 밤이 날마다 오는 것, 그 늦은 밤을 온통 혼자 차지하는 것은 눈물겨운 일이다.

허○○ 백신접종記

　제목에서 눈치채셨으리라. 『허삼관 매혈기』에서 제목을 차용했다. 하필 종씨宗氏다. 내용은 전혀 다르다. COVID-19 백신을 접종해야 하는 나(우리)의 처지를 매혈을 해야 하는 허삼관의 절박함과 비교 자체가 어불성설이다. 하지만 나대로는 자못 비장했다. 백신을 맞게 되기까지의 우여곡절은 전 세계가 다 아는 사실이므로 생략한다.
　의료보건에 종사하는 사람으로 분류되어서 좀 일찍 백신과 맞닥뜨리게 되었다. 접종 기간이 4월 말에서 5월 초순까지로 정해졌다. 5월 1일로 신청하였다. 4월 26일이 첫날인데 첫날에 나설 용기는 나지 않았다. 게다가 토요일에 맞고 일요일을 집에서 쉬면 월요일에 출근하기 좋지 않을까, 뭐 그런 꾀를 냈다. 인터넷으로 예약을 했다. 몇 군데 위탁의료기관이 떴다. 접근성이 좋고 좀 그럴듯해 보이는 병원을 선택했다.
　당일 아침 아들이 태우러 왔다. 혼자 보낼 수 없다는 것이다. 백신에 대한 온갖 흉흉한 소문 때문이다. 막상 닥치니 의외로 담담했다.

이른바 '기저질환자'이지만 어쩌겠는가. 눈만 뜨면 대중에 노출되어야 하는데. 그저 순리대로 하자. 맞으라면 맞고 지키라면 지키는 시민이 되자고 마음먹으니 썩 괜찮았다. 병원에 도착해서 체온을 재고 문진표를 작성한 다음 호명될 때까지 기다렸다가 의사 앞에 가서 몇 가지 질문에 답했다. 이런저런 지병이 있다. 약물알레르기는 없다. 현재 몸 상태 좋다. 실은 그 며칠 전에 이석증이 재발해서 힘들게 지내고 있었다. 그걸 자백하면 의사가 접종을 망설일지 모른다. 기회가 왔을 때 맞아야 한다(사실 아프면 아프다고 해야 한다).

간호사가 주사를 놓았다. 따끔할 겨를도 없었다. 찰나였다. 저녁때쯤 으슬으슬 춥더니 밤 9시쯤 열이 났다. 체온 37.3도, 아세트아미노펜 한 알을 먹었다. 일찍 누웠다. 잠이 오지 않아서 무거운 머리로 책을 읽었다. 이튿날 아침에 일어나려니 천장이 빙빙 돌았다. 백신 탓은 아니다. 며칠 전부터 그랬으니 이석증 때문이다. 두통이 있었다. 두통은 내 필생의 '두통거리'다. 백신 때문이 아니다. 근육통은 있으나 견딜 만하다. '국민비서'란 곳에서 문자가 왔다. 접종 후 3일까지 잘 지켜보라. 이런저런 예후가 있을 수 있다. 문자는 7일, 14일 되는 날에도 왔다. 친절한 비서다. '아스트라제네카' 무사히 안착했다. 어지러움과 두통이 나를 3주 동안이나 흔들었지만 백신이 한몫하지 않았을까 하는 의구심을 거두기로 했다.

아스트라제네카가 부족해서 2차는 화이자로 맞는다고 통보가 왔다. 교차접종에 대한 온갖 우려의 말들이 떠돌았지만 별 방도가 없어서 순응했다. 걱정과 달리 2차는 다소 편안했다. 2차는 관할보건소에서 녹음된 전화로 예후를 확인했다. 아무튼 감사했다. 대단한 숙제를 끝낸 것 같아서 한껏 뿌듯했다. 나로서는 다행한 일이나 예후가 좋지 않아서 고생하거나 나쁜 결과를 가져온 경우도 있어서 이 지면을 통해 위로를 드린다. '허○○ 백신접종기'는 여기까지다. 여전히 마스크는 벗을 수 없고 사람 만나기가 편치 않다. 델타변이란 괴물이 나타나서 확진자가 폭발했다. 인류는 전대미문의 바이러스와 사투 중이고 백신접종은 목하 진행 중이다.

한낮의 한담

하늘 높고 바람 선선하다. 아파트 정원 벤치에 앉아있다. 슈퍼마켓에서 달걀과 우유, 요구르트, 애호박들을 사서 정원으로 이어지는 계단을 올라왔다. 오랜만이다. 보통은 자동차가 지하주차장으로 들어가고 나는 곧바로 승강기 앞에 서게 된다. 창문으로만 내다보던 마당을 밟고 걷고 둘러보는 일이 새롭다.

나무들이 참 많다. 아이들도 많이 나와 있다. 놀이터는 나무들에 에워싸여 있다. 소나무, 전나무, 벚나무, 이팝나무, 배롱나무, 회화나무, 나무들이 뿜어내는 숲 냄새가 상쾌하다. 놀이기구에 매달리고 오르내리는 꼬맹이들의 목소리는 마스크 속에서도 솟아오를 듯 맑고 높다.

"오늘은 일찍 오셨네요." 15층 여자가 옆에 앉는다. "토요일이라 일찍 마쳤어요." 엘리베이터에서 만나면 반갑게 인사하고 자잘한 일상도 나누는 거의 유일한 이웃이다. 그가 워낙 싹싹하다. 나보다 열 살쯤 아래인 듯싶은데 언젠가 먼저 말을 걸어왔다. 벽에 붙은 요가교실

포스터를 가리키며 같이하자고 했다. 처음엔 힘들지만 몸에 익으면 그렇게 기분이 좋을 수가 없다고도 했다. "이 나이에 무슨 요가를…" 여러 번 권했지만 그때마다 나는 웃으며 넘어갔다.

나는 몸치다. 운동을 싫어한다. 그나마 내가 좋아하는 운동은 산책인데 운동이 주는 효과보다 주변 경관을 보는 게 좋아서이다. 중학교에 들어가서 무용 시간에 '소녀의 기도'에 맞춰 발레의 기본동작을 익힐 때부터 질색을 했다. 이제 와서 요가동작을 익혀야 하다니 그걸 내가 왜? 어림없는 일이다. 내가 할 줄 아는 건 어릴 때부터 달리기뿐이었다. 달리기는 단순했고 나는 재발랐다. 이제 달리기는 할 수 없다. 하여 이따금 나는 맹렬한 의지를 불태우며 신천둔치를 걷는다. 그럴 때는 뭔가 장한 일을 해낸 것 같은 뿌듯함을 느낀다. 코로나19로 요가교실, 피트니스가 개장과 중단을 거듭하면서 우리 사이에 요가이야기는 끝이 났다.

녹즙 배달용 가방을 짐칸에 묶은 자전거가 옆에 서있다. 그는 녹즙 배달을 한다. 초록색 유니폼에 초록색 둥근 모자를 쓰고 다닌다. 파마머리에 까무잡잡한 얼굴, 다부진 몸매가 생동감 넘치고 씩씩해 보인다. "은퇴 안 하세요?" 그가 뜬금없이 묻는다. 대답을 머뭇거리는 사이에 그가 말을 잇는다. 젊어서부터 이일 저일 안 해본 게 없이 부부가 악착같이 살아서 겨우 아파트 하나 장만했는데 살 만하니까 남편이 많이 아파서 쉬게 되었다고 한다. 놀면 뭐 하나, 마지막 일이다 생각하고 녹즙 배달을 시작했는데 삭신이 아프다가도 요가를 하고 나면 근심도 사라지고 몸도 가뿐해진다고 한다.

또 그놈의 요가, 속으로만 중얼거리고 있는데 그가 말을 이어간다. 나중에 아이들에게 남겨줄 것이라곤 달랑 이 집 하나뿐이다. 이걸 지키려면 계속 일을 해야 한다는 것이다. 뭘 안 물려주면 어떠냐고 공부는 시켰을 것 아니냐고 내가 말한다. 혼기가 찬 아이가 둘인데 그 치다꺼리도 해야 한다. 손에 쥔 게 별로 없다며 그가 한숨을 쉰다.

나도 다르지 않다. 늦은 결혼을 했고 아이들도 늦게 봤다. 딸아이는 이른바 '비혼족'이다. 워낙 확고해서 존중하기로 했다. 제 인생 아닌가. 둘째인 아들은 연인이 있는데 아직 준비가 안 됐다며 마냥 기다려달라고만 한다. 나는 좀처럼 끝나지 않는 어려운 숙제를 끌어안고 있다. 그런 일들이 막연하고 불안하다. 공직도 아닌데 은퇴랄 것도 없고 일을 마칠 때가 되긴 했다, 고 내가 말한다.

일하는 것이 싫지는 않다. 나는 서너 가지의 지병을 안고 있다. 일을 하지 않고 쉬면 편할 수도 있겠지만 왠지 몸져누울 것 같다는 생각이 든다. 시골 어머니 힘들다고 효자가 호미를 빼앗았더니 그길로 어머니가 시름시름 앓아눕더라는 얘기가 있다. 아침에 일어나면 갈 데가 있고 할 일이 있는 것도 살아갈 힘이고 주어진 복이다, 라고 내가 덧붙인다. "나는 일하는 게 좋아요." 그가 약간 톤을 높여 말한다. "그렇죠, 나도 그래요." 내가 덤덤하게 대답한다. 방금 뱉은 말들이 진실인지 아닌지 검증할 필요는 없다.

말이 끊어지고 아이들을 바라본다. 아이들이 커다란 놀이기구에서 소리를 지르며 논다. 계단 몇 개를 올라가서 그물다리를 휘청휘청 건너더니 코끼리 코처럼 생긴 큰 통 속으로 미끄러져 들어가서 순식간에 밖으로 툭 튀어나오는 것이다. 아이들은 연달아 들어가고 앞의 친구를 들이받을 듯 연이어 튀어나오며 깔깔깔 웃어댄다. 두 아이가 마주앉아서 콩콩 오르고 내린다. 바람개비처럼 생긴 작은 시소다. 예닐곱 살쯤의 여자애가 그네를 타고, 남자애 둘이 일도 없이 마구 뛰어다닌다. 소리를 지르고 뛰면서도 마스크를 벗어던지지 않는 아이들이 기특하다.

　놀이터에서 아이들의 시간은 넘치도록 건강하다. 그 아이들을 바라보며 한낮에 한담閑談을 나누고 있는 우리 두 사람의 시간도 나쁘지는 않다. 푸념을 늘어놓은 꼴이 되긴 했지만 그게 사는 것이다.

하루살이에게 경의를

 날파리 한 마리가 나를 따라다닌다. 한 개의 검은 점이 코앞을 날아다니는데 여간 성가시지가 않다. 종횡무진으로 날다가 바싹 다가와서 뱅글뱅글 돌기도 한다. 신경이 날카로워진다. 도대체 잡을 수가 없다. 고 작은 것이 나를 놀리고 있는 것 같아서 약이 오른다.
 깨알만 한 것이 간도 크지, 잡히기만 하면 죽을 텐데. 나는 저에게 감정이 없었거늘, 왜 괜한 살의를 품게 하는가. 오른손을 펴서 순간동작으로 휘두르며 쥐었다 펴보면 번번이 빈손이다. 내 장풍을 깔깔 비웃으며 빛의 속도로 피했다가 금세 돌아와서 또 뱅글뱅글 돈다. "대체 왜 이러느냐. 날 놀려먹기로 작심을 한 것이냐." 이 깨알만 한 것의 날갯짓을 손은 물론이거니와 눈으로조차도 따라 잡을 수가 없다. 현란하고 민첩하다.
 이 비행의 목적이 무엇인가. 고것이 아무리 미물이라고 하나 아무런 목적도 없이 이 같은 몸짓을 계속할 리가 없다. 제깟 게 아무리 잘 날아봐야 날파리다. 제 한살이가 겨우 하루나 이틀, 길어보았자 며칠

이 아니겠는가.

 그토록 귀하디귀한 시간을 저와 아무 상관이 없는 나에게 소모하는 걸 보면 필시 저한테 요긴한 뭔가를 내가 갖고 있다는 뜻이다. 그게 뭔가. 얼른 내주고 편안하게 일을 하고 싶다. 그것은 본시 부패해 가는 그 무엇이 내뿜는 냄새에 꼬인다. 설마 나한테서? 그렇다고 해도 그게 저에게 필요한 뭔가는 아닐 것인데 대체 왜 나를 공격하는가. 입은 이미 퇴화하여 먹을 수도 없겠다. 입이 그러하니 나를 물 수 있는 것도 아니고, 침이 있어 내 살갗을 뚫을 수 있는 것도 아니지 않는가. 게다가 작은 씨앗만 한 걸, '왜~앵' 소리도 내지 못하는 주제를 내가 무서워할 까닭도 없는데 웬 헛짓인가.

 고것이 헛짓을 멈추지 않아서 내 분기는 서서히 탱천한다. 하여 연신 손을 휘두른다. 그러니까 저의 헛짓에 무심하지 못하는 나도 도무지 소용없는 헛손질을 거듭한다. 여름 한나절을 저와 내가 그렇게 견뎌내고 있다. 얻을 것도 없는데 힘만 빼고 있는 저나, 잡지도 못하면서 속고 또 속는 나나 우주의 시간으로 보면 찰나를 사는 티끌 같은 존재이다. 저와 내가 같은 시간, 같은 공간에서 숨을 쉬며 각각의 몸짓으로 생의 한때를 보내고 있는 것이다. 살의, 분기탱천이란 말을 썼지만 실은 과장이다. 약 오르는 정도가 딱 맞다. 제 살아가는 방식이 그러한데 내가 너무 과잉 반응했다는 생각도 든다. "너를 업신여겼다. 미안하다."

 눅눅하다. 어떤 이는 우산을 쓰고 걷지만, 또 어떤 이는 그냥 걸어도 괜찮은 정도의 물기다. 습도 90%, 체감온도 31도, 날파리 한 마리가 눈앞에서 어지럽게 날아다닌다. 그게 지금의 정황이다. 날씨 탓이고, 사소한 일에 자주 속을 뒤집는 내 탓이다. 불쌍토록 작디작은 생명체에게 '매머드'의 덩치일 내가 짜증을 내거나 역공을 하는 것은 공평치가 않다. 손해 본 것도 없고 더구나 공포감을 느끼지도 않았다.

  오해를 하지 말아주었으면 한다. 푸근하지 못하고 쉽사리 감정에 휘둘리는 사람이 갑자기 초연해지거나 관대해질 리는 없지 않은가. 모기나 바퀴벌레도 까닭이 있어서 생겨났고 살 권리가 있다는 걸 알지만 해충이란 이유로 보이는 대로 살충제를 뿌린다. 어쩔 수 없는 일이라고 생각한다.

  하루살이에게서는 왜 한 발 물러서는가. 살다 보면 그러고 싶을 때도 있는 법이라고 말할 수밖에 없다. 더 솔직히 말하면 '나'라는 부질없는 목표물을 떠나지 못하는 하루살이의 그 '살이'가 불현듯 애련해졌다고나 할까. 음식찌꺼기, 축축한 쓰레기더미, 퀴퀴한 하수구가 하루살이의 삶의 현장이다. 그런 지저분한 곳이 저의 자리인 것은 숙명일 뿐이지 살이 그 자체가 불결한 것은 아니다. 애벌레로 오래 음지에 있다가 성충이 되어서야 잠깐 날개를 펴는 그 한살이를 생각하면 불쌍하기 짝이 없다.

  불현듯 애련하다, 이 마음이 얼마나 갈지 모르겠다. 잠시 소강상태에 들어갔기에 그런 생각을 하게 된 것인지도 모른다. 또 날아와서 심기를 건드리면 나는 다시 하루살이를 고것 또는 제깟 것이라 지칭하며 손을 휘두를 것이다. 하루살이에 대한 내 느닷없는 측은지심은 그렇듯 진정성이 결여된 것이다.

  마침내 날아가 버렸다. 내게 볼일이 끝났는가, 아니면 하루살이의 그야말로 '하루살이'가 마지막에 이르러 어딘가에서 날개를 접으려 하는가. 찰나 같은 그 한 생에 경의를 표한다.

오직 커다란 해바라기로

빈센트 반 고흐의 〈꽃병에 꽂힌 열두 송이 해바라기〉(91*72cm ·1888년 8월·캔버스에 유채)를 좋아한다. 생애의 대부분을 지독한 고독 속에 살아온 고흐가 아를의 노란 집에서 고갱을 기다리며, 고갱과 함께할 작업실을 장식하기 위해 해바라기 연작을 그렸다. 세 송이, 열네 송이 해바라기와 동시에 그렸는데 나는 그중 열두 송이를 그린 이 그림이 좋았다. 풍성한 노란색과 갈색의 어울림, 옅은 노란색 꽃병과 황갈색 탁자, 파란 바탕색의 하모니를 볼 때마다 더할 나위 없이 기쁘고 또 아프다.

해바라기 그림을 그릴 때 고흐는 고갱을 생각하며 기뻤을 것이고 희망에 차 있었을 것 같아서다. 두 달여 만에 그들은 불화로 헤어졌다. 그 후 고흐는 더욱 고독해졌고 암울한 정신세계로 함몰되어 갔을 것이기 때문에 이 그림은 나를 기쁘게 하고 또 슬프게 한다.

중학교 2학년 교내백일장을 했다. 그때 문예반 선생님이 내놓으신 시제가 '씨 뿌리는 사람'이었다. 선생님은 조그만 그림을 내걸고는 그게 반 고흐의 작품이라고 설명했다. 또 하나 성경의 '씨 뿌리는 사람의 비유'에 관한 내용 몇 줄을 칠판에 쓰시고는 그중 하나를 소재로 삼아서 글을 쓰라고 했다. 막막했다. 고흐나 성경이나 내게는 너무 먼 소재였다. 데생인지 유화를 흑백화면으로 가져온 것인지 모르지만 밭이 있고 화면 오른쪽에 농부가 씨를 뿌리고 있으니 소재로서 좀 더 와닿아서 나는 그가 얼마나 유명한 화가인지도 모르는 채로 그림을 소재로 택했다. 우수상을 받았다. 그 친밀감으로 막연히 고흐를 좋아하게 되었다.

언젠가 『미학오디세이』를 읽다가 고흐의 〈구두〉를 보게 되었다. 정물화였는데 흙이 묻어있는 데다가 한 짝의 발목 부위가 바깥으로 접힌 채 널브러졌고 끈이 풀려 있었다. 고흐는 노동자, 농부, 농촌 그림을 많이 그렸다. 여러 점의 밀밭을 그렸고 〈감자 먹는 사람들〉 등 농부를 그린 작품들이 많은 것으로 알고 있다. 구두 그림이 여실히 보여주고 있는 진정성을 보며 내 구두들을 생각했다. 한 번이라도 그 구두들에 진실한, 진정한 나를 담은 적이 있었던가. 뭐 그런 내용의 글이었다. 궁색하나마 그것도 연이라 여겨 조금씩 더 고흐를 좋아하게 되었다.

빈센트 빌럼 반 고흐, 네덜란드 태생의 후기인상주의 화가, 서양미술사상 가장 위대한 화가 중 한 사람, 900여 점의 그림들과 1,100여 점의 습작을 남긴 화가로 기록되어있다. 37세에 짧은 생애를 마쳤다. 여러 가지 설이 있지만 물감을 씹어 먹기도 하는 등 정신질환을 앓아서 정신병원에 강제 입원되었고 자살로 생을 마감했다고 한다. 이 문장을 쓰고 보니 가슴이 먹먹해진다. 나는 행복했던 고흐를 귀하게 기억하고 싶다. 물감을 살 돈이 풍족했을 때 행복했을까. 고갱과의 동거를 기대하며 행복했겠지. 하여 밝은 노란색이 풍성하게 터치된 해바라기 그림을 좋아한다.

네덜란드의 암스테르담 반 고흐 미술관에 가볼 기회가 없었고 앞으로도 그런 기회가 있을 것 같지가 않다. 수년 전에 친구들과 태국여행 중에 〈반 고흐 미술관〉 방문이 일정에 있었다. 와! 이게 어디야? 가슴이 두근거렸다. 가이드가 고흐의 그림들 앞에서 설명을 하는데 "붉은 포도밭!" 하고 나도 모르게 아는 체를 했다. "아 맞아요, 잘 아시네요." 가이드가 말했다. '생전에 팔린 딱 한 점의 유화!'라고 속으로 뇌었다.

고흐의 자화상 네 점이 전시되어 있었다. 귀를 자른 자화상을 비롯해 모자를 썼거나 수염이 텁수룩한 모습. 깊이를 알 수 없는 그 눈빛을, 내면의 고뇌가 짙게 배어나온 표정, 이글거리는 터치를 하염없이 올려다보았다. 눈물이 났다. 내가 너무 오래 보고 있으니까 친구가 고흐의 얼굴들과 올려다보고 있는 내 뒷모습을 카메라에 담았다. 그나마 '고흐와 나의 만남'으로 그 사진을 귀히 간직하고 있다.

고흐의 대표작이라고 일컬어지는, 짙은 색채와 꿈틀대는 터치의 〈별이 빛나는 밤〉이 큰 벽 하나를 다 차지하고 있었다. 〈아를의 침실〉은 그림으로 걸려 있고, 그 아래에 침실과 똑같은 침실 모형을 재현해

놓았다. 고갱을 기다리면서 방을 밝게 꾸미고 그렸다고 한다. 거울, 대야, 의자, 침대와 시트 등 소품들을 살짝 만져보고 들여다보면서 고흐의 삶을 짐작해 보는 시간을 가졌다. 한쪽에 놓인 의자를 만지는데 가슴이 아렸다.

 태국의 반 고흐 미술관을 다녀와서 말도 안 되지만 고흐 그림을 한 점 집 안에 걸고 싶었다. 이리저리 검색해보고 백화점의 화방, 봉산동 화방거리, 화구상들을 시간을 내서 일부러 살펴보았다. 물론 재현된 그림을 살 생각이었다. 원작은 아예 불가능한 일 아닌가. 그러다가 고흐의 〈꽃병에 꽂힌 열두 송이 해바라기〉를 샀다. 61*72 캔버스에 재현한 그림을 손에 넣었다. 그걸로 충분히 행복하다. 서재에 걸어두고 자주 바라보면서 빈센트 반 고흐, 그를 기억하고 오직 커다란 해바라기로 고갱을 맞이하고 싶던 그의 마음을 헤아리며 그를 위로하고 내가 위로를 받는다.

 해바라기의 화가, 별이 빛나는 밤의 화가, 노동자와 농부를 사랑한 화가, 그림에 영혼을 불어넣고 생명을 바친 화가, 이미 오래전에 별이 된 화가, 그를 좋아하고 그의 해바라기를 특별히 좋아한다.

길 떠나기 그리고 걷기

○ 오리무중

　수필 쓰기는 내게 '길'이란 단 한 글자로 압축된다. 시작은 있지만 끝이 없는 막막한 길의 이미지가 나의 수필 쓰기이다. 물론 쉽게 생각하지 않았다. 쉽게라니, 당치도 않다. 충분히 생각한 끝에 길을 나섰다. 행장도 제법 야무지게 꾸렸다. 잘 쓰기보다 치열하게 쓰고 싶었다. 수필 쓰기를 통해서 존재하고자 했고 깊어지고 싶었다. 적어도 그렇게 생각했다.

　아무튼, 길을 나섰고 제법 걸었다. 하지만 내 신발은 아직도 새 것이나 마찬가지다. 어딘가에 닿아서 무언가를 가질 수 있기를 너무 열망한 나머지 언제나 마음이 저만치 앞질러 간다. 신발이 너덜너덜하도록 걸어야 무언가가 보일 텐데, 다리가 아프고 온몸이 쑤시고 영혼까지 저미게 아파야 어딘가에 닿을 텐데, 그것이 산봉우리이든 골짜기이든.

　수필 공부를 한다던 어떤 이가 말했다. 수필 쓰는 법은 인터넷에 다 나와 있다고, 그런 걸 모르는 사람이 어디 있냐고. 이론을 꿰뚫고 있는 것과 창작을 잘하는 것은 별개 문제라는 것이다. 맞는 말이다. 수필을 좋아하고 또 쓰겠다고 작정한 사람이라면 진즉에 웬만한 텍스트들은 섭렵하였을 터, 그랬음에도 실제 창작에 들어가면 그 앎이란 실로 얄팍한 것이 되고 만다는 걸 저리게 깨닫는 게다. 오늘의 테마가 바로 그렇다. '수필, 이렇게 써 보자'에 답이 있는 것 같지가 않다. 하여 수필, 수필 쓰기란 명제를 두고 다만 나를 되짚어보고자 한다. 길 떠난 지 한참이 지났는데, 어찌어찌 걷고는 있는데, 도무지 여기가 어디쯤인지 오리무중이다. 그 까닭이 무엇인가 하는 물음을 던지고 대답을 궁구하고자 한다.

○ **만나기**

온갖 것에 마음이 빼앗긴다. 풀꽃이며 나무들, 사람과 사물, 풍경과 현상들에 시선이 가고 마음이 묶인다. 모든 유형무형의 형체와 이미지들이 나를 가만히 놔두지 않는다. 고결한 가치들과 냄새나는 부조리들이 나를 기쁘게 하고 슬프게 한다. 보이는 것, 들리는 것, 느끼는 모든 것에 시선이 가닿고 머문다. 그러니까 소재는 지천으로 깔려 있는 게다. 언제어디서든 (글)이삭을 줍겠다고 (연필)자루를 거머쥐고 다닌다. 그렇게 습관이 되어있다. 여기에 무슨 문제가 있는가. 있다.

주워 담기에 급급해서 대상을 그 자체로 아름다이 바라보거나, 가슴 미어지게 아파하는 순수를 잃은 게다. 아무것도 가져오지 않아도 좋으니, 글이 되지 않아도 그만이니, 고운 것은 고운 그대로, 아픈 것은 진정 아파하며 바라보기만 하자. 보고 느끼곤 가슴 한편에 묻어두자. 글감에 지나치게 탐닉하는 걸 경계하자. 소재 중독에 걸려서 소재 금단현상을 겪으면서 그렇게 자신을 다스리곤 한다.

   소재에 관한한 무심, 무위에 이르고 싶다. 그러다가 어떤 영상이 아득한 날의 사랑처럼 불현듯 떠오를 때, 그 떠오르는 것이 가슴에 불을 댕길 때, 비로소 그것을 소재로 맞아들이자. 쉽게 취해서 겉모양만 겨우 갖춘 글을 빚어내서 낭패를 본 적이 한두 번이던가. 마음에 차지 않는 도자기는 망설임 없이 깨뜨려버리는 도공의 장인정신이 내게 결여되어있다. -저문 강에서 먹이를 찾고 있는 새를 보다.

○ **정들이기**
   찔레꽃을 쓰기 위해 세 번의 봄을 기다리고, 겨울호수가 글감이면 칼바람 부는 못가에 적어도 네댓 번은 서 보아야 하지 않을까. 각각 다른 시각에 여러 각도에서 보고 또 보노라면 대상이 자연스레 가슴으로 들어와 머물지 않겠는가. 그것이 가져다주는 울림이 아침에 다르고 저녁에 다르며, 서서 볼 때와 앉아서 볼 때가 다르지 않을까. 그렇듯 마음에 들어온 사람이나 사물, 풍경과 현상에 정을 들이자. 그에게 말을 걸자. 눈 맞추기를 하자. 그 눈빛을 깊이 들여다보지 않고, 그에게 묻지 않고, 그의 응답을 듣지 않고 어찌 그를 안다고 하랴.

   그러노라면 정이 깊어지겠지. 충분히 정이 들어서 이제는 그를 더 이상 바깥에 세워 둘 수 없을 때 그를 수필에 초대하자. 마음을 다하여 그의 모습을, 대상의 함의를 글 속에 담자. 그에 대한 최상의 대접은 그가 내 작품 속에 이질감 없이 온전히 녹아들게 하는 것이다. 그리하여 그를 빛나게 하는 것이다.

박경리 선생은 "색채(노란 민들레, 붉은 노을)와 소리(물소리, 새소리)가 다 의미를 가져야 한다. 모든 소재, 색채와 음향 어느 것도 무의식적인 것은 없다. 글 전체와 유기적 관계, 놓인 이유가 있다."고 하였다. 내 글에 초대한 빛깔 하나도 소홀한 대접을 받아서는 아니 된다. 그렇다고 하여 대상을 터무니없이 과대포장하면 곤란하다. 어울리지 않는 리본을 달고 색칠을 해대서 정작 그가 누구인지, 그를 통해 드러내고자 하는 메시지가 무엇인지를 모호하게 하지는 않았던가. -다음 날에도 그다음 날에도 강가에 나가서 한 마리 두 마리 여러 마리의 새들을 보다.

○ **사유하기**

눈을 맞추고 말을 건네서 정이 든 대상, 또는 글감이 담고 있는 의미는 무엇일까. 그 의미를 어떻게 읽어낼 것인가. 읽어낸 의미는 인간의 삶과 어떤 유기적 관계에 놓인 것인가. 삶아도 보고 푹 고아도 보아야 하는데 날것인 채로 겉절이를 하거나 기껏해야 데치기만 하여 내어놓지 않았던가. 몇 개월, 몇 년을 묻어두고 숙성시켜서 오래도록 잊히지 않는 깊은 맛을 내야 하는데…. 여행지에서 돌아오면 다음 날 그 주마간산으로 기행수필을 쓰고, 오전에 맞닥뜨린 사건이 혀끝만 찔러도 오후에 글로 옮기지 않았던가. 왜 그랬을까.

천착이다. 천착을 수필 쓰기의 으뜸가는 미덕으로 삼아야 한다고 스스로 채근해 왔다. 그럼에도 늘 조급함이 천착이라는 미덕을 앞질러서 미치지 못하는 작품을 내놓곤 한다. 대체 조급해야 할 까닭이 무엇인가. -조각전에서 작품 「여행」을 보다. 청동으로 조각한 비상 직전의 역동적인 새의 형상이다.

○ 빚어내기

지나간 시간의 영상들을 현재로 불러 모아서 재배치, 재구성을 한다. 시점時點, 시점視點을 생각하고, 줄거리의 순서를 요량한다. 실시간으로 쓰지 않는 이상 작위가 전혀 없을 수는 없다. 단락을 잇는 연결고리는 탄탄한가. 글의 결정結晶이 내 삶 또는 모두의 삶에 어떤 의미가 되는가에 대한 해석은 이미 이루어져 있어야 하며, 마지막으로 진솔한가에 대한 성찰을 거쳐야 한다.

그리하여 쓴다. 가슴으로 쓰고 머리로 쓰고 끈질기게 앉아서 엉덩이로 쓴다. 오랜 사유를 거쳐서 글의 구조가 머릿속에 또렷이 들어있으면 어렵지 않게 써 내려갈 수도 있다. 하지만 종종 글줄을 잇지 못해 멈칫거리고, 그러다가 실타래처럼 엉켜서 더 나아가지 못하기도 한다. 그럴 경우 글은 처음의 의도에서 빗나가 엉뚱한 결미에 이르게 되고 만다. 당연히 마음에 차지 않는다. 그리된 이유가 무엇인가.

육화와 천착이 미흡하였다. 낯설게 바라보지 않고, 새겨듣지 않았으며, 새로 난 길로 접근하지 않았다. 마음의 기록 더 나아가 영혼의 기록이 되기를 열망했건만 그에 맞갖은 진정성이 결여되었다. -새, 일상日常과 이상理想으로 묶어보다. 실패다.

○ 오리무중인 채로

수필문학은 변해야 한다는 논의는 오래전부터 있었고, 지금도 그에 관한 제언들이 계속되고 있다. '낯설게 하기'란 다소 낯설었던 말도 더 이상 새롭지 않을 만큼 들었다. 수필문학은 이미 형식이나 내용면에서 많은 변화를 보이고 있으며, 퓨전수필, 메타수필, 이런저런 실험수필들로 장르의 영역확장과 다양성을 모색하고 있다. 문제는 수필문학에 있는 게 아니라 수필가인 '나'에게 있는 것이다. 새로움을 추구해야 한다는 강박관념에 적잖이 짓눌리고 있다는 게 솔직한 고백이다. 산이 있고 골짜기가 있으나, 오르지 못해 주저앉고 뛰어넘지 못해 무너지면서 창작의 의지가 꺾이기도 한다. 창작의 길은 멀고 험난하다. 그럼에도 걸어야 한다. 발이 부르트도록 걸어야 한다. 앞은 여전히 오리무중이다. 그렇다고 되돌아갈 길이 보이는 것도 아니다. 오리무중인 채로 한 걸음 한 걸음 더디게, 무엇보다 치열하게 걷자.

2
넘어지다

자화상

  렘브란트가 스물세 살 때 그린 자화상을 보면서 그의 마음을 헤아려 본다. 그는 자신의 얼굴을 명암으로 갈라놓았다. 왼쪽 반쯤은 빛을 받아서 밝은 편이고, 오른쪽에는 다소 짙은 그늘이 드리워져 있다. 그가 인간의 영혼이 지니고 있는 밝음과 어두움을 말하고자 했는지, 육화肉化된 생명체로서의 바깥 모습과 그 내면세계를 표현하고자 했는지 나로서는 짐작할 수가 없다. 다만 왼쪽의 또렷한 생김새와 대조적으로 그늘이 진 오른쪽 얼굴에서 그의 감수성, 꿈, 의지를 읽을 수 있었다. 있는 그대로의 자신을 응시하여서 빛과 그림자로 그 의미를 형상화한 렘브란트의 자화상은 아름답다. 그의 진실과 지혜가 엿보인다.
  비약이 될지 모르지만 나는 이 그림을 보고 인간이 지니고 있는 양면성에 대해 한동안 생각에 잠겼다. 어떤 의미로든, 사람에게는 두 가지의 서로 다른 요소가 내재되어 있는 것 같다. 사멸하는 육체에 불멸의 영혼이 깃들어 있는 것이 그렇다. 없어지는 것과 없어지지 않는 것의 조화가 사람이다.

그래서인지 사람은 누구나 곧잘 내부에서 각각 다른 자신의 목소리를 듣곤 한다. 자아에 맞서는 또 하나의 자아를 경험하는 것이다. 이성과 감성으로 갈라서서 다투기도 하고, 때로는 양심과 그렇지 못한 마음이 서로 밀치기도 한다. 죽어 없어질 육신의 편에 기울어지기는 왜 그리도 쉬운 일인지. 또 명랑함과 우울함의 양극 현상, 선함과 사악함 같은 대립된 의지가 인간의 내면세계에 함께 자리하고 있음을 부정할 수 없다. 조신한 자태 속에 숨어있던 분방함이 내란을 일으키기도 하고, 다 비워낸 듯 보이는 초연함 뒤에 사욕私慾이 우글거리고 있기도 하다.

그 모든 경우에 나를 대입해 본다. 어느 틈에나 조금은 맞아 들어간다는 사실을 인정하지 않을 수가 없어서 곤혹스럽기까지 하다. 하여 신神만이 지선至善이며 인간은 원죄에 붙들린 한낱 피조물일 뿐이라고 항변도 해보고, 스스로 미물임을 아프게 깨달으며 절대자 앞에 낮게 엎드리기도 한다.

나는 적어도 풀어지지는 않았다는 자긍심을 가진 적이 있었다. 되도록 조심스럽게 행동하며 말소리도 별로 크지 않은 편이다. 허술한 매무새로 길을 나서지도 않는다. 그렇게 습관이 들어있다. 물론 나무랄 일은 아닐 것이다. 사람은 기품이 있어야 한다는 쪽이므로 그렇게 되기 위해 애쓰고 있다.

그러나 한편으로는 겉으로 드러나지 않는 나의 모습에도 문득문득 눈길이 간다. 큰 소리로 떠들고 손뼉 치면서 웃는 꾸밈없는 여인이고 싶을 때가 있다. 화가 나면 욕도 해대는 거침없는 사람이 되어도 그게 무슨 큰 탈이랴. 구겨진 옷을 입고 옥수수를 뜯어먹으며 길을 걸어도 좋을 것이란 생각이다.

나만을 향한 이기적인 삶을 살면서도 가책을 느끼지 않는, 둔한 신경이고 싶다. 나누지도 못하면서 공연한 죄책감만 느끼는 것이 도리어 민망하다. 나를 둘러싸고 있는 평안, 그 테두리 안의 안락함에 눈물겨워 하면서도 때때로 나는 뛰쳐나가고 싶어 한다.

만약 내가 곧이곧대로 내 모습을 그린다면, 렘브란트의 명암과는 다른 뜻으로 더 뚜렷한 경계를 보이게 될 것 같은 생각이 든다. 그것은 어쩌면 너무나 정직하여서 오히려 추하게 보일는지도 모르겠다. 나 아니었으면 좋았을 내 모습이 하나둘이 아닌 까닭이다. 하지만 그럴 가능성은 그다지 크지 않다. 이율배반적이고 모순투성이인 자아를 그대로 그려낼 용기가 나에겐 없기 때문이다.

나는 보편적이고 상식적인 존재이다. 구도자와 같은 인격 상승이 있을 리 없고, 마찬가지로 양심이나 착함의 반대편으로만 기울어질 리도 없다. 그렇듯 분명치 않은 각도에서 그려낸 나의 모습은 자칫 위선의 더께를 입게 될 위험이 없지 않다. 위선을 떨쳐냈으면 좋으련만 그것 또한 쉽지 않다는 것을 체험한 터이다. 그래서 지금의 내가 자화상을 그린다면 아무래도 두루뭉술하게 그릴 수밖에 없을 것 같다. 그것은 내가 바라는 바가 아니다.

2부-넘어지다

그림을 그리기 전에 나는 길고 긴 내면 조응照應의 시간을 가질 것이다. 먼저, 심성이나 사고思考에서 나는 좀 더 둥글어져야 하고 더 많이 단순해져야 할 것 같다. 그러자면 오랜 시간 스스로를 연마하여야 한다. 생애에 단 한 점으로 남을 자화상에 독소가 될 만한 것들을 그렇듯 천천히 걸러내어야겠다. 마침내 온화한 빛깔의 화폭에 조용한 눈빛을 가진, 아주 밝거나 몹시 어둡지도 않은 한 폭의 그림을 그릴 수 있었으면 좋겠다.

그런 그림을 과연 그릴 수 있을까. 삶의 고비에 부딪칠 때마다 뛰어넘지 못하고 굴절된 의식을 바르게 세우는 일이 가능한 것일까. 내부에 있는 수많은 적敵들의 충돌을 화합으로 이끌어 내는 일이 이제 와서 될 성싶지가 않다. 고통스런 자아인식과 자신과의 치열한 싸움을 거쳐서 얻을 수 있는 것이 겨우 흐트러짐을 면한 정도의 모습이 아닐는지.

그러므로 붓을 들 시간은 나에게 영영 오지 않으리란 생각이 든다.

시 또는 약

콤지로이드를 오래 먹어온 시인이 있다. 시인의 시 '민들레, 콤지로이드, 노란색'을 읽으며 마음이 아렸다. 콤지로이드(콤지로이드는 흰색이고, 씬지로이드가 노란색이다. 둘 다 갑상선 병증에 관한 약이나 해당하는 증상은 다르다. 시인이 약명을 착각했을 수 있다.)는 작은 알약이다. 시인은 노란 민들레를 보며 콤지로이드를 연상한다. 햇살도 민들레 속 꽃잎에 발이 걸리고, 바람도 민들레 속잎을 뒤지다가 노란 물 게워낸다고 시인은 노래한다. 민들레꽃에 발이 걸리는 햇살과 노란 물을 게워내는 바람에 시인이 투영되어 있다. 시인 자신이 번번이 발이 걸리고 노란 물을 게워낸다는 것이다.

'꽤 긴 시간을 노랗게 건너왔다, 또 건너가야 한다.' 이 한 행에 함축된 이야기는 길다. 약을 복용하기 전에 있었던 수술과 항암치료, 불안과 위기의 시간들, 악전고투 끝에 '향후 5년'이라는 시간을 건너서 안정기에 접어들었다. 그래왔듯이 남은 날들도 콤지로이드와 함께 살아야 한다.

"짧게 쓰면 다 시가 되느냐?" 그가 말했을 때 "짧은 문장을 길게 붙여놓으면 다 수필이냐?"고 나는 응수했다. 우리는 서로 장르의 순수성을 지키겠다고 젊어 한 시절 맞수를 두곤 했다. 어쭙잖은 시를 쓰는 산문가가 없지 않고, 문법이 무시된 산문을 쓰는 시인도 적지 않다는 얘기를 주고받았다. 그 친구는 생활에서 빈번히 놓치는 사소한 소재들로 내가 평가하기론 품격 높은 시를 쓰고 있다.

연수교육장에 앉아서 나는 친구의 시집을 뒤적인다. 오전 10시부터 온종일 받는 지루한 교육이다. 매년 이수해야 할 시간을 채우는 통과의례 같은 것이다. 무슨 자산회사에서 나온 전문가가 재테크에 관해서 강의하고 있다. 식전프로그램이다. 이어서 인체와 질병과 약물의 상호관계를 몇 가지의 주제로 두루 섭렵하는 수박 겉 핥기의 시간을 보내면 된다. 이미 알고 있었으나 소홀히 넘어갔던 내용도 있고 미처 몰랐던 것도 있다. 재미 들이면 흥미진진하고 강 건너 불 보듯 하면 대형화면만 휙휙 지나가는 그런 시간들이다.

넓은 교육장의 앞자리에 앉은 건 제대로 듣겠다는 의지이고 지금 시집을 펴든 건 그 의지가 무뎌졌다는 얘기다. 항바이러스제, 유산균, 소염진통제, 아토피치료제, 치질치료제 등이 차례로 펼쳐지고 접힌다. 시인의 '콤지로이드'에서 의식은 내가 복용하는 약들로 넘어온다. 무엇을 얼마나 먹나. 아침 식사 전에 정제 한 알, 식후에 세 알, 오전 10시 30분쯤 캡슐 포함 네 알, 저녁 식후 두 알, 잠자기 전에 한 알, 많다. 때맞춰 먹을 땐 나뉘어있어서 별생각 없었는데 합해보니까 새삼스레 배가 부르다. 게다가 만성두통 때문에 날마다 한두 번 진통제를 복용한다. 오, 그러나 약에 관한 한 나보다 더 대식가가 적지 않다. 정말이지 한 주먹씩 복용한다. 줄여야 하는데 그들이나 나나 방도가 없는 것이다.

약은 필요악이며 몸을 위한 최소한의 장치다. 다행히 나는 감기약은 거의 먹지 않고, 내 나이의 사람들이 많이 먹는 관절염약이나 골다공증약도 아직은 쓰지 않는다. 이만하면 건강하다 하겠다. 늘 같은 시간에 출근을 하며, 밥도 세끼 꼬박 먹는다. 물론 식품영양학적으로 잘 먹는 건 아니다. 음식솜씨마저 형편없어서 그저 끼니를 잇는 수준이다.

지병, 몇 가지가 겹쳐 있다. 심각한 건 아닌데 다만 꾸준히 관리해야 한다. 지병은 내 몸에 오래오래 머물고 있다가 언젠가는 숙환이란 근엄한 이름으로 나를 배웅해 줄 것이다. 나는 그를 둘도 없는 친구라 여기고 있지만 간혹은 내가 그의 친구가 아니라 시종인 것 같다는 낭패감에 빠진다. 조금만 소홀히 해도 사정없이 당한다. 친구에서 시종으로 신분이 하락했다는 분한 생각까지 든다.

이러저러한 약을 먹고 있는데 감기약을 먹어도 되나요? 관절통 약을 복용 중인데 치과 약을 함께 먹어도 됩니까? 질문이 있을 때마다 약물의 상호작용인 상승작용과 길항작용을 생각해서 대답해야 한다. 이것은 피해라, 저것과의 병용은 금기다, 정확하게 대답하는 게 내가 해야 할 일이다. 어르신들은 보통 서너 가지 질병에 이 병원 저 병원을 다니시며 일여덟 가지 약을 쓴다. 이럴 때 복약지도는 난감하다. 게다가 어떤 약들은 만병통치 개념으로 여기저기 마구 돌아다닌다.

 말랑말랑해진 마음으로 시를 읽다가 제자리로 돌아오기를 거듭하며 긴 시간을 보냈다. 문학은 마음에 위안이 되고 약은 몸을 달래어준다. 시와 약의 경계를 넘나드느라 지루한 줄 몰랐다. 김밥 한 줄을 점심으로 먹고 물 몇 모금 마신 걸로 문학적이며 학구적인(?) 하루가 저문다.

 마지막은 언제나 특별무대다. 남성5중창단의 아름답고 장엄한 화음이 넓고 높은 실내를 꽉 채운다. 그리운 금강산, 네순 도르마, 오 나의 태양, 푸니쿨리 푸니쿨라에 열광적인 환호와 박수를 보낸다. 피로가 싹 날아간다.

넘어지다

아스팔트에 닿는다 싶은 순간 얼굴을 치켜들었다. 하늘이 보였고 가로수 플라타너스의 우거진 잎사귀들이 눈에 들어왔다. 그야말로 찰나였다. 아, 이게 뭐야? 이해되지 않고 이해할 수도 없었다.

사람들이 모였다. 누군가 나를 잡아 일으켰으나 나는 그에게 반응할 수 없었다. 그제야 횡단보도의 굵은 가로줄무늬가 보였다. 두어 사람에 의해 횡단보도에서 떨어져 나왔다. 나는 인도로 인도引導되어서 낯모르는 아주머니들의 염려 어린 시선과 위로의 말을 들었다. 내 꼴이 어떤지, 얼마나 다쳤는지 생각할 수 없었고 창피한 줄도 몰랐다.

원피스를 샀다. 싼 맛에 샀고 편히 입으려 했다. 출근시간에 승강기에서 만난 얼굴만 아는 정도인 이웃 여인이 "옷이 너무 커요. 줄여야겠어요."라고 말을 걸었다. "그래요? 그래야겠네요."로 웃음을 나눴다. 나는 귀가 가벼웠고 동작도 빨랐다. 일을 시작하기 30분 전이다. 옷수선 집에 다녀오기에 충분한 시간이다. 길 건너 현대시장에 있는 옷수선 가게를 다녀오면 된다. 그럴 요량이었다. 횡단보도가 있는 곳까지 뛰었다. 반대편 신호등에 초록 사람이 점멸하고 있었다. 뛰기에 속도를 붙였다.

　인도에서 차도로 내려가는 턱에서 아뿔싸! 허방을 짚었다. 뛰던 속도를 감당치 못하고 몇 걸음 크게 꺼꾸러지다가 쭉 미끄러지며 무너졌다. 내 몸은 자신을 지키기 위해 최선을 다했을 터, 왼쪽 어깨를 안으로 접어서 왼팔로 몸을 막으며 완벽한 자세(?)로 엎어졌다. 무엇보다 중요한 건 최후의 방어선이나 다름없는 얼굴을 구했다는 것이다. 칭찬받아 마땅할 반사 신경이 아닌가. 물론 일이 일어난 후에 유추한 정황이다.

　다쳤다. 그날은 두 손과 두 무릎의 찰과상을 치료했다. 끙끙 앓으며 하룻밤을 보냈고 등과 바닥이 온통 가지색(이럴 땐 '까지색'으로 써야 느낌이 오는데~)으로 피멍이 든 왼손과, 퉁퉁 부어오른 오른손을 보아야 했다. 왼쪽 새끼손가락과 갈비뼈 하나에 금이 갔다. 두어 달 침대에 눕고 일어날 때 도움을 받아야 했다. 혼자서는 돌아눕지도 못했다.

　흔히들 넘어지면 넘어진 자리에서 일어나야 한다는 말을 한다. 이 말은 분명 그 이상의 의미를 내포하고 있지만 실제로 넘어져 보니 그 자리에서 일어날 수밖에 없는 것이었다. 넘어진 순간 당황스럽고 창피하다. 반사적으로 일어나서 괜찮은 척 툴툴 털며 가던 길을 가야 그나마 낭패감을 줄일 수 있다.

　고백하건대 나는 바로 일어나지 않았다. 번쩍 정신이 들지도 않았다. 넘어진 자리에서 내가 본 건 드높은 하늘과 금싸라기 같은 햇살과 바람에 흔들리는 무성한 나뭇잎들이었다. 맑고 눈부신 아침이었다.

하여 누군가가 달려와서 안아 일으켜줄 때까지 그대로 엎어져 있었다. 횡단보도 정지선에서 자동차들도 내가 얼른 일어나기를 기다렸을 터이다.

물리적으로 넘어져서 물리적으로 다쳤다. 몸을 감쌌던 옷은 피 얼룩이 지고 찢어져서 버렸고, 시간이 가면서 상처는 나았다. 어깨의 통증은 이태가 지난 지금도 일상의 두통처럼 남아있지만 뭐 그 정도는 감수해야지. 진부한 말로 내 불찰이니까.

문제는 이 사고(?)가 나를 자꾸 돌아보게 해서 새삼스레 많이 아프다는 것이다. 어깨보다 지나온 세월 넘어진 자리에 대한 기억이 만들어내는 통증이 더 깊게, 더 예리하게 쑤신다. 넘어지면서 살았다. 넘어진 자리에 대한 애착 때문에 오래 일어나지 않았을 때도 있었다. 혹은 넘어졌다는 자의식 때문에 좌절도 했다. 그러다가 어찌어찌 일어나긴 했는데 도무지 통증이 가라앉지 않는다. (이런, 몹쓸! 관념이 문장을 덮어버렸네.)

아무려나 넘어진 자리에서 얻은 상처는 회복되었고 거기에 연관되었던 껍데기는 미련 없이 버렸다. 상황 끝! 그럴 수 있으면 좋겠는데, 정녕 좋겠는데, 온갖 크고 작은 상처들이 나를 빤히 들여다본다. 넘어지면서 살았는데, 길고 깊게 넘어졌었는데 잊어버린 척할 수가 없다. 어떡하지? 물음은 있고 대답은 없다. 아, 나는 조르바처럼 춤을 추고 싶다. 창문을 열고 눅눅한 이불을 털고 싶다. 영혼을 빨아서 햇볕 쨍쨍한 날 빨랫줄에 널고 싶다.

2부-넘어지다

우리 잘 늙고 있다

밀면 먹으러 간다. 시원하다, 맛이 괜찮다, 로 의견일치를 본 점심 메뉴다. 골목을 걷기 시작하자마자 그와 나 사이에 10m쯤의 간격이 벌어진다. 워낙 키 차이가 난다. 그의 뒷모습을 바라보고 가는 마음이 편안하다. 젊었을 땐 서로 보폭을 맞추어서 걷고, 자주 손을 잡고 걸었다. 그때 오늘처럼 그가 앞서 걸었다면 아마 다투었을 것이다. 그는 대체로 자상하며 나를 잘 살피는 사람이었다.

우린 늙어가고 있다. 문득 그 생각이 드는 것이다. 그는 예사롭게 혼자 걸어가고 나는 또 그런 그가 전혀 고깝지가 않다. 잠깐 돌아보고 섰다가 그가 식당으로 들어간다. 자연스럽다. 우리 이렇게 편하게 늙어가고 있다. 물론 지금보다 더 늙어서 그와 나 둘 중 하나가, 아니면 둘 다 걸음걸이가 불안하거나 아주 불편해지면 다시 젊었을 때처럼 손을 꼭 잡고 걷게 될 터이다. 늙은 아내, 늙은 남편은 서로에게 진득한 연민을 갖게 되기 때문이다. 서로를 지켜야 한다는 마음이 나이가 들수록 커지는 것 같다. 이 손을 영 놓게 되면 어쩌나 하는 불안함 때문이 아닐까.

젊은 날 손을 잡고 걸었던 것은 서로 사랑하는 마음이 열정에 가까웠던 까닭이다. 지금은 그저 덤덤하다. 감정의 자잘한 구석까지 들추다 보면 한때의 사랑은 아스라이 사라져 버렸고 미운 마음이 더께로 앉아있을 것이다. 아~ 내 사랑아, 어디를 갔느냐? 허망하고 또 허망할지도 모르겠다.

우리가 살았던 세월이 사랑이었든 미움이었든 이제 그런 게 상관이 없다. 이런 마음의 상태가 나는 편안하다. 사랑이 더 컸으면 어떻고 미움이 더 컸으면 또 어떠랴. 따지거나 저울질할 필요가 없다. 그와 나는 여기까지 함께 왔다. 작은 일 큰일 참 많았지만 그런대로 서른 해 남짓 잘 넘어왔다.

밀면이 나오길 기다리며 텔레비전을 본다. LA 다저스와 뉴욕 양키스의 야구경기를 중계하고 있다. 먼 나라의 경기를 류현진이라는 투수 때문에 중계하고 사람들은 밀면을 먹으면서도 공 하나하나에 신경을 쓴다. 밀면 한 그릇을 다 먹을 동안 말 한마디 하지 않아도 불편하지가 않다. 아니 한마디는 했네. "오늘은 투수가 류현진이 아니네. 8회 초인데 0대0이야." 남편이 말했고 나는 대답하지 않았다. 대답이 없어도 그뿐이다.

다시 골목길을 걸어서 일터로 돌아온다. 그가 계산을 하고 자판기 커피를 뽑는 동안 나는 걷기 시작한다. 거의 다 와서 문득 돌아보니 바로 뒤에 그가 와 있다. 거기 있겠거니, 그러는 것이겠거니, 만사가 그렇다.

'만사가 그렇다'란 그저 무덤덤하거나 지나치게 건조하다는 의미는 아니다. 우리가 함께 있다는, 거의 완전한 신뢰의 상태라고 해야 맞다. 이대로가 좋다. 더 이루지 않아도 된다. 부자는 아니지만 배가 고프지도 않다. 둘 다 나이에 걸맞게 성인병 두어 가지를 지니고 산다. 때가 되면 병원에 가고 처방된 약을 시간에 맞춰 착실하게 먹는다. 병이 없으면 더 좋겠지만 있어도 어쩔 수 없는 일이다. 마음도 몸도 세월 따라 흐르는 것 아니던가.

이리 말하고 보니 마치 만사에 달관한 것 같은 민망한 느낌이 없지 않다. 결코 그런 게 아니다. 무언가를 잔뜩 벼르고, 좀 더 이루고자 했고, 두 손 가득 움켜쥐고자 했던 지난날을 겪었기 때문에 얻은 여유이고, 이제는 애써보았자 어찌할 수 있는 일이 아니란 걸 깨달았기에 체념했을 뿐이다.

남은 날들을 평화로이 사는 것이 소망이다. 더하여 너그러운 어른이 되는 것이 간절한 바람이다. 이 두 가지야말로 우리 깜냥을 훨씬 넘어서는 욕심이란 걸 안다. 그래도 그리 되려고 마음은 먹는다. 우선은 오늘을 잘 보내야지, 그런 마음으로 나는 그를 바라본다. 그의 마음도 그러리라 믿는다.

바로 뒤에 와 있는 그의 손을 내가 먼저 잡아본다. 부드럽진 않지만 따뜻하다. 우리 잘 늙고 있는 게다.

두통 때문에

　내 두통의 역사는 길다. 어릴 때부터 오후에는 늘 미열이 있었다. "야가 와 이래 뜨겁노!" 그런 말을 심심찮게 들으며 자랐다. 고등학교 때, 엄마의 병실에서 밤을 새고 등교하는 날들이 많았다. 그런 날은 두통이 나를 삼킬 듯이 으르렁거렸다. 진통제를 많이 먹었다. '사루빈'이라는 진통제가 있었는데, 두 알씩 하루에 네댓 번씩 먹어댔다.
　그때 시작된 두통은 아이를 낳고 키울 때 빈혈과 겹쳐지면서 꼭짓점에 도달했다. 이마를 질끈 매고도 정수리와 턱을 친친 동여매야 했다. 그렇게 횡으로 종으로 묶고 버둥거리다가 침대에 머리를 거꾸로 박은 채 날밤을 새우기도 했으니 밤은 길고도 길었다. 세월이 흐르면서 많이 누그러졌지만 아직도 두통은 나를 지배하고 있다. 두통이 일생을 점령한 것이다. 두통, 그게 뭐 그리 대단한 괴로움은 아니지만 그것이 나를 짓누르고 있다는 걸 통각신경이 계속 알려주고 있다는 게 문제다. 도무지 그것으로부터 자유로워질 수가 없다. 글을 쓰는 지금도 머리가 지끈거리고 눈썹 부위가 무겁고 눈이 뜨겁다.

2부-넘어지다

이것은 고통인가. 물론 그렇다. 극심한가. 때로는 그렇다. 하지만 지금까지 잘 살고 있는 걸 보면 그게 그냥 놔두면 안 되는 중병은 아닌 게다. 그러니까 다른 질환(뇌종양이나 뇌출혈 등)에 의해서 이차적으로 파생되는 심각한 병증이 아니라 일반적으로 말하는 만성두통이라는 얘기다. 최첨단 의료기기로 정밀검사를 해도 가시적인 병소를 잡을 수 없는 단지 증상일 뿐이다. 보통 아침에 진통제 한 개를 먹는 것으로 종일을 버틴다. 진통제를 먹는다고 통증이 소실되는 건 아니지만 견디기는 낫다. 두통을 무시할 때가 많다. 읽기와 쓰기에 애를 먹지만 그렇다고 도대체 없어지지 않는 두통 때문에 내가 계속해서 읽기와 쓰기를 그만두어야 하나.

'명랑'이라는 두통약을 수십 년 복용한 할머니가 계신다. 요즘은 쓰지 않는 약이어서 다른 걸 드리는데 그 '명랑'만 못하다고 늘 불평을 하신다. 평생을 두통과 싸우며 사셨다. 머리가 쪼개지는 것 같다는 그 할머니에 비하면 나는 양호한 편이다. 모진 시집살이와 젊어 한때 바깥으로만 돈 남편 때문이란 게 할머니의 푸념이다. 그 하염없이 늘어지는 개인사를 듣다 보면 대낮에도 눈앞에서 별이 다 번쩍거린다.

일생을 두통 속에서 살아가는 것도 숙명이라면 숙명인 게다. 진통제를 상용한다고 나무라면 섭섭하다. 뻔히 알고 있는 두통의 발생기전을 새삼스레 고찰하고 약리작용을 곱씹어 보아도 뾰족한 수가 없다. 그러려니 한다. 두통은 고통이지만 불행은 아닌 것이다. 불편할 뿐이다. 내게 불편한 게 좀 있다고 그게 뭐 어쨌다는 건가. 누구에게

나 피할 수 없는 고통은 있는 법이다.

위왕 조조도 평생 편두통에 시달렸다고 한다. 명의 화타가 두개골을 열어서 병소를 꺼내야 한다고, 그 시대에는 전대미문인 진언을 했다가 조조의 진노를 사서 죽었다고 한다. 조조의 고통은 내겐 상상이 되지 않고 와닿지도 않는다. 자신의 두통을 시공을 넘어서 내게 고스란히 전해준 인물은 빈센트 반 고흐다. 정말이지 고흐의 자화상들을 보면 그 표정과 눈빛, 이글거리는 필치에서 그의 두통이 마치 나의 것인 양 지끈거리며 옮아오는 것 같다. 물론 그의 생애에 대한 선입견이 작용했을 수도 있다. 하지만 그에 대한 정보가 전혀 없는, '명랑할 머니'에게 고흐의 자화상을 보여드려도 틀림없이 그를 애련히 여기며 이마를 짚어 주시리란 생각이 든다. 두통 환자들은 기질적으로 자극이나 손상에 예민하다. 타고난 기질이 민감한 데다 지독한 가난과 절대 고독 속에서 예술혼을 불태우다 마침내 미쳐서 물감을 씹어 먹었던 고흐의 극심한 두통은 짐작이 되고도 남는다.

오후 3시. 점심시간부터 쓰고 있는데 두통이 또 글줄을 물고 놓지 않는다. 이럴 땐 쉬어야 한다. 문을 열고 나선다. 건듯 부는 바람에서 비 냄새가 난다. 건물 화단의 향나무 아래 개미들이 소리 없이 그러나 매우 부산하게 움직이고 있다. 개미들을 내려다보고 있노라니 문득 베르나르 베르베르의 『개미』가 생각난다. 그토록 조직적이고 지능적인, 페로몬을 쏘아서 소통하며 인간을 공포에 떨게 한 개미들을 생각하니 전율이 온다. 이 개미들도 그런 족속일까? 그 개미들과 그런 작품을 쓴 베르나르의 뇌구조를 생각하니 머릿속에 쥐가 나는 것 같다. 이러니 아플밖에. 순전히 내 탓이다.

　조조와 고흐, 할머니와 나 그리고 세상의 모든 두통 환자들을 위로하고 싶다. 지끈거리는 이마를 누르며 살다 간 분들에게는 뒤늦은 경의를 표하고, 지금 머리앓이로 진저리를 치며 살아가는 사람들에게는 동병상련의 정을 보낸다. 별 유용치도 않은 글을 쓰는 오후, 이마에는 미열이 있고 눈두덩이 뜨끈하며, 두피와 그 속에 있는 덩어리가 따로 구르는 듯 흔들린다. 하지만 괜찮다. 두통 따위 때문에 아무것도 멈추고 싶지 않다. 그 속에서 읽고 쓰고 웃고 울면 되는 것이다.

누룽지의 시간

 누룽지를 만들고 있다. 점심으로 라면을 먹었는데 오늘따라 간도 물도 맞지 않아서 짜고 텁텁했다. 불현듯 눌은밥이 생각났다. 눌은밥은 아주 오래된 부엌과 가마솥, 여인과 아이가 있는 정경 속에서 고소한 향기와 함께 떠올랐다. 그것은 아득해서, 너무나 아득해서 삼국시대나 조선시대의 흐릿한 빛깔을 띠고 있는 것 같기도 하였다.
 아궁이의 불을 낮추어 밥에 뜸을 들기를 기다린다. 여인은 나무주걱으로 식구들의 밥을 펐다. 사랑방으로 건넌방으로 밥상이 들어가면, 솥바닥에 눌어붙은 밥에 물을 둘러서 숭늉을 만든다. 뜨끈뜨끈한 숭늉을 떠낸 후에 솥에 남은 눌은밥을 사발에 퍼서 묵은 김치와 소반에 올린다. "엄마 나 눌은밥!" 아이는 콧등에 땀을 송알송알 맺으면서 야무지게 먹는다. 그 맛을 오래전에 잊어버린 나이 든 여인이 문득 그 눌은밥을 생각했다.
 이제 밥을 지어도 눋지 않는다. 만들어야지. 라면의 뒷맛이 느끼해서 커피를 마시다가, 흐릿한 흑백시대에 태어나서 총천연색 시대를 살다가 마침내 디지털시대에 진입하게 된 여인이 인터넷 검색을 한다. 속이 몹시 불편할 땐 더러 누룽지탕을 먹기도 했는데 인터넷으로 주문을 하거나 마트에서 산 것이었다. 누룽지에 물을 부어 끓이니 탕이다. "프라이팬에 밥을 골고루 잘 편 다음 중불로 3분 약불로 7분 앞뒤 같은 방법으로." 검색한 내용이다.

그렇게 할밖에. 쌀과 찹쌀, 납작보리와 현미를 골고루 섞어서 밥을 짓는다. 밥을 큰 대접에 퍼서 식힌다. 적당량을 프라이팬에 반반하게 편다. 휴대폰으로 중불, 약불 시간을 체크한다. 뒤집기를 하고 노릇노릇한 누룽지를 들어내고 다음 판을 올린다. 여러 판을 해야 하고 시간도 많이 걸릴 것 같아서 작정을 하고 식탁에 앉는다. 조지 윈스턴의 앨범 December를 들으면서 가브리엘 가르시아 마르케스의 『백 년의 고독』을 읽는다. 윈스턴은 한 바퀴를 돌아서 처음 곡으로 돌아오고, 책은 이미 여러 날 읽던 것이어서 브엔디아 가문의 끔찍한 백 년 동안의 고독은 막바지에 와 있다. 돼지꼬리 달린 아이가 곧 태어날 것 같다. 평화로운 누룽지의 시간과 들을 때마다 반하는 윈스턴의 연주와는 어울리지 않는 심각하게 어두운 작품이지만 읽던 것이어서 그대로 읽는다. 시집이나 수필집을 펴드는 게 어울리겠지만 일부러 그러고 싶지는 않다.

누릇누릇, 그럴듯한 태깔과 구수한 냄새를 풍기는 둥근 누룽지판이 여섯 개 여덟 개 쟁반에 쌓인다. 얼마나 오래 먹겠다고 몇 시간째 이러고 있다. 음악은 안드레아 보첼리로 바뀌고 책은 접었다.

토요일이라 퇴근을 일찍 했다. 손쉽게 해먹은 점심이 먼 그리움을 불러왔고 마침 시간이 비어있었다. 창밖 세상도 소란스럽고 내 안의 소리도 시끄러웠다. 세계는 그러니까 인류는 그 이름도 찬란한 코로나 때문에 집단우울증에 빠져있다. 나가도 들어와도 편치가 않다. 두어 해를 훌쩍 넘기고도 그러고 있으니 하고 싶은 것도, 먹고 싶은 것도 없어졌다. 빨고 말리기 좋은, 자주 세탁해도 그다지 상하지 않는 옷들만 돌려 입으며 쳇바퀴처럼 출근하고 퇴근하다가 주말이 되면 윙윙 세탁기를 돌린다.

 쟁반 위에 쌓인 누룽지를 한참 바라본다. 부숴서 지퍼팩에 담는 일은 미루고 바라보는 시간을 즐긴다. 평화롭다. 고요하다. 시간과 공간이 다 그러하다. 소소한 불안과 큰 근심이 사라진 듯하다. 밖에 내리는 어둠이 창을 넘어와 거실에 번진다. 안드레아 보첼리의 목소리는 매력적이고 거룩하기까지 하다. 그 목소리 들을 때마다 참 감사하다.

 라면 맛을 탓한 건 어쩌면 핑계일지도 모른다. 어린 날의 영상이 문득 그 시간에 떠올랐고 젊은 여인이었던 어머니가 생각났다. 어머니와 누룽지와 나의 시간이 사무치게 그리웠다. 어리광 같은 것이다. 그래, 응석이었다. 속상하고 불안하고 아픈, 안팎의 모든 일들을 어머니께 일러바치고 싶었다. 어머니가 등을 톡톡 두드려주면 속울음이 그칠 것도 같았다.

 마스크 안에서 불안하고 몹시 불편한, 거의 전쟁과도 같은 나날을 보냈다. 그럼에도 불구하고 자잘한 기쁨과 커다란 감사와 분에 넘치게 평화로운 시간은 있었다. 오늘 누룽지의 시간도 그러하다.

2부-넘어지다

김순분 아지매의 비닐봉지

　국지성 호우가 있겠다는 예보가 있었다. 실제로 나라의 곳곳에 말 그대로 국지적으로 폭우가 내리고 있다. 워낙 다른 곳에 비가 많이 내리니 거들지 않을 수 없었던가. 비 없기로 유명한 이 지역에도 비가 많이 내린다.
　빗물막이 차양 속에서 뒤꼍의 나무들을 바라보고 있는데, 단풍나무 높은 가지에 검정 비닐봉지가 걸려서 비바람에 사정없이 휘둘리고 있다. 잎이 한창 무성한지라 그렇듯 온몸을 찢으며 펄럭이지만 벗어날 가망이 영 없어 보인다. 그 무생물이 불현듯 생물로 보인다. 생물이 아니라도 그렇다. 어딘가에 걸려서 제 살을 찢고 있는 걸 보는 건 여간 불편하지가 않다. 불편한데, 고통을 덜어줄 방도가 없다. 가지는 높고 비는 세차게 내린다. 항상 그랬다. 타자의 고통은 내게서 멀리 떨어져 있었고 그 떨어져 있음에 한편으로는 안도했다. 아무것도 하지 않아도 되니까.
　비닐봉지는 초록 이파리들과 함께 비바람에 마구 흔들리고 있다.

비닐은 지금 까무러쳐 있다. 혼절한 지 한참인, 용도 폐기된 그 까만 비닐봉지는 속속들이 젖었고 주름졌으며 흙먼지가 누렇게 끼어있다. 그런 정황이 낯설지가 않은데 새삼스레 마음이 저리는 까닭은 무엇인가. 비 탓인가. 그것의 한 생애는—생애라 할 수 있을까?—여기서 끝이 나는가. 뭔가가 자꾸만 필요해진 인간에 의해서 대량 생산된, 몸값이 그야말로 싸구려인 그것, 그래서 함부로 쓰고 함부로 버리는 보잘것없는 존재인 저 비닐봉지는 대체 어디서 왔을까.

건너건넛집 김순분 아지매가 고등어 몇 마리를 사들고 와서, 마당의 수도꼭지 앞에서 손질하고 있었다. 다듬은 고등어를 씻어서 냄비에 담고 무와 양파와 대파도 씻어서 큰 양푼에 담아서 무심히 부엌으로 들어갔다. 부엌에서 고등어찌깨가 끓는 동안 비닐봉지는 잊혀졌다. 처음에는 마당에서 휘휘 저공비행을 하였다. 그러다가 세찬 바람이 한 줄기 후려치니 엉겁결에 그 바람을 한입 가득 물고 팽팽해졌다. 팽창하는 순간 몸은 티끌처럼 가벼워져서 '노피곰' 솟았다. 바람몰이 속에서 혼이 다 달아난 그것이 당도한 곳이 바로 단풍나무 가지였던 것이다. 그렇게 한참을 나부끼고 있었던 것인데 국지성이란 이름의 폭우가 내린 것이고 가뜩이나 젖은 몸의 손잡이께가 가지에 걸렸으니 그뿐, 어쩌겠는가.

뱃속 가득 뭔가가 담겨지고 누군가에 의해 옮겨져서 품은 것을 고스란히 내준 순간 바로 버려진다. 마침내 초췌하고 견줄 데 없이 남루해져서 아무렇게나 내박쳐지는 그것은 그러나 썩지 않는다는, 오염이라는 오명을 쓰게 된다. 오염이라니! 전혀 의도한 바가 아니다. 만들고 쓰고 버린 건 사람들이다.

폭우 속에서 검정비닐은 썩지도 않는 몸으로 생을 마치고 있다. 그 태생이 이미 역리였으니 흙으로 돌아가는 순리를 끝내 알지 못한다. 그것이 가뜩이나 꼴이 말이 아닌데 비바람이 점점 거세지고 있다. 가련하다. 그것을 저 가지에서 걷어내어 편안하게 해주고 싶은데 하릴없다. 그것의 최대 비참은 "불멸"일지도 모른다. 사멸하는 것이 얼마나 큰 복락인지를 알지 못한 채 생을 마치니 불쌍타. 생을 마쳤다고는 하나 그 잔해를 거둬 줄 이 없으니 더욱 불쌍타.

이제 곧 어두워질 테지. 어둠이 켜켜이 쌓인 캄캄한 밤에, 사람들이 다 제 집으로 돌아가 깊이 잠든 밤에, 검정비닐은 숨이 멎은 채로 여전히 시커먼 나뭇가지 끝에서 펄럭이겠지. 길고 험했던 밤이 물러나고 거짓말처럼 맑은 하늘이 열려서 비닐봉지의 젖은 몸은 마르겠다. 남은 바람이 건듯건듯 나뭇가지를 털다가 우연히 검정비닐을 지상으로 떨어뜨릴 수도 있겠다.

뭐가 남았을까. 비닐은 쓰레기통에 들어가고 분류되어서 저들끼리 태워지든가 땅에 묻히든가 아니면 재생이란 공정으로 다시 태어나든가. 무엇이 좋을까. 재생? 그것이 새 몸이 되어서 시장에 나간 김순분 아지매의 손에 다시 들려지는 게 가장 좋을 것인가. 그래서 또 버려지고 비바람을 맞아서…. 여기까지만 하자. 악순환은 싫다. 고등어를 담기 전의 새 비닐- 폭우 속에 버려진 폐비닐- 산뜻하게 환생한 새 비닐, 그게 좋겠다. 그래야 내 맘이 그나마 편하겠다.
  한갓 폐비닐이 불쌍하고, 불쌍한 것들이 넘치고 넘쳐서 마침내 얼음덩이를 놓치고 만 북극곰은 더 불쌍하다.

2부 - 넘어지다

그러니 어쩌면 좋으랴

 한낱 비닐봉지가 불쌍하다고 했다. 그것의 최대 비참은 불멸이라고 썼다. 폭우가 내리던 날 뒤꼍 단풍나무 가지에 찢어진 검정 비닐봉지가 걸려서 마구 흔들리고 있었다. 높은 가지 위에 흙먼지가 잔뜩 낀 채 찢어진 몸으로 펄럭이다가 생을 마쳤으나 그것은 없어지지 못한다. 인간의 필요에 의해서 대량 생산된, 몸값이 그야말로 싸구려인 그것은 그래서 마구 쓰고 함부로 버려져서 '오염'이라는 오명을 쓰고, 죽어도 죽지 못한 채 어딘가에 내박쳐진다.
 그 비닐봉지는 어디서 왔을까. 이를테면 김순분 아지매가 시장에 가서 고등어를 샀는데 가게 주인이 비닐봉지에 담아서 건네줬다. 김순분 아지매가 고등어를 씻을 때 검정 비닐봉지는 바람을 가득 물고 이리저리 날아다니다가 '노피곰' 솟아서 저 나뭇가지에 걸렸다. 그리고 때마침 내리는 폭우에 저 지경이 되었다. 몇 년 전에 쓴 〈김순분 아지매의 비닐봉지〉를 요약해보았다. 그때 나는 사멸하지 못하는 그것이 불쌍하다고 했다. 불쌍한 것들이 넘치고 넘쳐서 얼음조각을 잃어버린 북극곰이 불쌍하다고 썼다.

　혹한과 폭서, 유례없는 가뭄과 가공할 만한 폭풍우가 푸른 별 지구의 여기저기에 들이닥쳐서 인류를 위협한다. 재앙이다. 이상기후, 기후위기, 거의 날마다 듣는데 들을 때마다 소름이 듣는다. 온실가스 배출, 탄소중립 같은 전문용어들을 매스컴에서 자주 듣는다. 지난해 파키스탄은 대홍수가 나서 국토의 1/3이 물에 잠겼다. 끔찍했다. 오늘 북미 최북단 어디는 체감온도가 -77℃나 되어 문을 열면 바로 동상에 걸린다고 한다. 우리나라도 작년에 기록적인 폭우와 태풍 힌남노로 수도권과 포항에 큰 피해를 입었다. 특히 인명피해가 커서 마음 아팠다. 지구는 정말 위기에 처한 것인가.

　누구의 잘못인가. 생선가게 주인이 잘못하였나, 김순분 아지매가 잘못하였을까. 내가 생선가게 주인이고 김순분 아지매다. 썩지 않고 재활용되지 않는 쓰레기를 날마다 내놓는다. 아닌 줄 알면서 그치지를 못한다. 기껏 한다는 것이 잘 씻어서 분리수거를 하는 정도다. 그건 누구나 하는 일이다. 쓰레기 배출을 최소한으로 줄여야 하는데 그게 잘되지 않는다. 내가 던진 쓰레기는 모이고 모여서 산더미가 되고 사방으로 흩어져서 지구를 더럽힌다. 그러니 어쩌면 좋으랴.

　어느 TV채널에서 다큐멘터리 〈세 개의 전쟁〉을 방영했는데 미처 몰라서 1, 2부를 놓치고 3부를 시청하였다. 3부는 "인류 최후의 전쟁, 기후위기"가 주제였다. 지구 최북단 스발바르제도가 주 무대다. 빙하가 녹아내리고 있었다. 빙하가 녹아내리면 생태계가 무너진다고 한다. 빙하동굴 하나는 지붕이 무너져서 하늘이 보였다. 빙하가 털썩 쏟아져 내리는 장면을 거듭 방영하는데 두려웠다. 스발바르에는 현대판 노아의 방주라 일컫는 씨앗보관시설이 있다. 최후의 인류를 위해서 모든 유용한 씨앗의 샘플을 보관하는데 온도 습도가 다 맞아야 한다. 그것은 빙하 속에 묻혀있는데 빙하의 일부가 녹기 시작해서 씨앗 보존이 어려울 수도 있다고 한다.

지구의 온도가 2℃ 오르면 생명 다양성이 절반으로 줄어든다. 이 세상에 생존하는 종種의 절반이 사라진다는 것이다. 상상이 되는가. 게다가 끔찍하게도 호모사피엔스의 멸망을 예측하고 있다. 이미 디스토피아가 눈앞에 열려있다. 우리는 최첨단의 문명을 누리면서 바로 그 문명이 낳은 이기들 때문에 머지않은 미래에 멸망할지도 모른다. 그런 내용들을 담은 내레이션은 가슴 떨리게 했다. 그러니 어쩌면 좋으랴.

일요일 저녁이면 아이들이 모인다. 우리 부부까지 다섯 식구다. 큰아이가 휴대폰을 들고 음식 주문을 한다. 코로나 팬데믹 3년을 겪으면서 비대면으로 음식을 시켜 먹다가 어느새 습관이 되고 일종의 문화가 되었다. 아이들은 모이면 꼭 음식을 주문한다. 나도 못 이긴 척 넘어간다. 음식이 도착하면 펼쳐놓고 먹는다. 대체 이 식탁에 널린 플라스틱 용기가 몇 개냐. 시켜 먹으니까 한두 종류로 그치지 않는다, 먹고 싶은 걸 조금씩 다 시킨다. 자~ 보자. 돈까스, 떡볶이, 비빔국수, 잔치국수, 회초밥이 왔다. 그것들을 담은 큰 그릇들과 갖가지 소스를 담은 작은 종지들(플라스틱 숟가락과 나무젓가락은 주문할 때 넣지 말라고 한다.)이 식탁을 가득 채운다. 잘도 먹으면서 뭔가 켕겨서 변설을 늘어놓는다.

  탄소중립, 어렵다. 기업이, 국가가, 세계가 할 일이 따로 있겠지만 개개인이 해야 할 바는 너무나 뻔하다. 더도 덜도 아니고 오직 생활쓰레기를 줄이는 일일 터. 오, 그러나 아이들은 다음에도 시켜 먹을 것이고 나는 또 눈감고 넘어가겠지. 잘 알고 있으면서 잘못하고 있다. 이번에만, 이것만, 나 하나쯤 하면서 거듭 오류를 범한다. 그러니 어쩌면 좋으랴.

그들도 나도

'목로'란 간판을 놓치지 않고 본다. 간판이 '목로'로 바뀌던 날 이번에는 잘되어야지, 응원하는 마음을 보냈다. 에밀 졸라의 『목로주점』이 떠올랐고 세탁소 여자 제르베즈의 비극이 잠깐 생각났지만 상관없는 일이었다. 목로, 글자 그대로 보면 예쁘고 친근하며 낭만적이기까지 하다.

노란 바탕에 큼직하게 쓴 빨간 고딕체 글씨의 간판이 1960년대의 느낌을 준다. 유리문에는 역시 빨간 글씨로 '로스구이' '제비추리' 등 몇 가지의 메뉴가 붙어있다. 6,000원, 9,000원 가격도 표기되어 있다. 간판을 이루고 유리문을 차지하는 글꼴들이나 색상이 수십 년 전의 극장 포스터처럼 조금은 촌스럽다. 첨단디자인 시대에 세련된 간판들이 즐비한 도로에서 그야말로 색달라서 오히려 눈에 확 띈다. 전략일까? 자본이 부족했던 걸까? 아무려나 지갑이 얇아도 생각만 있으면 그다지 망설이지 않고 들어갈 수 있을 것 같기는 하다.

나는 그 집에 비상한 관심을 가지게 되었다. 퇴근을 하다가 거기쯤에 이르면 반사적으로 고개가 돌아간다. 손님이 있는가. 있으면 몇 테이블을 차지하고 있는가를 빠르게 파악한다. 최근 몇 년간 간판이 세 번이나 바뀌었다. 자동차를 세울 수 없는 위치에 있고, 테이블도 네댓 개밖에 되지 않는다. 힘들 것이라 지레짐작하며 혼자 주제넘은 걱정을 한다.

테이블에 사람이 한둘이라도 앉아 있으면 신명이 난다. 아, 손님 있다! 나도 모르게 그런 말이 나온다. 손님이 없어서 까만 티셔츠에 까만 머릿수건을 쓴 젊은이 둘이 마주 서서 얘기를 하고 있으면 "저이들을 어쩌면 좋아, 있는 돈 없는 돈 다 끌어 모아서 가게를 냈을 텐데." 혼자 중얼거린다.

'목로'의 두 청년이 이 작고 초라한 디딤돌을 딛고 일어나서 보기에도 좋고 듣기에도 좋으며 사회를 이롭게 하는 '주식회사 목로'의 느긋하고 풍모 좋은 기업가가 되기를 바라는 마음이다. 청년들이 창창한 미래를 향해 한 발 한 발 간단없이 걸어갔으면 좋겠다.

이 지역에 COVID-19가 창궐했을 때, 개업한 지 몇 달 되지 않은 '목로'는 문을 닫았다. 목로의 깜깜한 창을 안타까이 바라보노라면 금방 '산수 아나고, 곰장어구이'집을 지나치게 된다. 넓은 홀이 캄캄하다. 그렇게 수개월, 혹여 사장이 절망하고 있으면 어떡하나, 직원은 일자리로 돌아올 수 있을까. 당국에서 아직도 문을 열지 말라고 하는가, 온갖 걱정을 다 하며 퇴근을 한다. 그러다가 사태가 좀 가라앉아서 '목로'와 '산수'들이 하나둘씩 문을 열고 일을 시작했다. 마땅히 환호작약해야 한다. 오, 그러나 나는 새로운 걱정에 빠지고 만다. '다시 일을 시작해서 참 좋다.'와 '저기 저 사람들 저렇게 다닥다닥 붙어 앉아도 괜찮을까?' 사이를 줄타기한다. 턱도 없이 우산장수와 짚신장수 아들을 둔 어미가 되어 양쪽을 다 걱정하게 된다.

  도대체 '그러거나 말거나'가 되지 않는다. 몸은 대체로 천근이고 근심은 거의 만근이다. 내 알량한 걱정은 거기에서 그치지 않는다. 퇴근 시간에는 대개 지쳐있기 때문에 눈 감고 조수석에 가만히 앉아 있으면 될 일이다. 하지만 '점포 임대'를 붙인 채 셔터가 내려진 상점들을 지나치면서 언제쯤 저 문이 열리려나, 답답해한다. 신천 건너편에 나란히 붙어있는 불빛 휘황찬란한 간이음식점들에 오늘은 손님이 있는가를 살피다가, 마침내 집 근처에 이르러 돼지찌개집과 통닭집에 불이 켜져 있는가를 보게 된다. 정말 피곤한 노릇이다.

  이쯤 되면 걱정도 팔자인가 싶지만 내 눈은 다른 많은 고운 것들도 바라본다. 가로수 플라타너스의 잎사귀들은 짙푸르고, 강변의 배롱나무에는 진분홍 꽃숭어리들이 탐스럽게 피어 있다. 새들은 한가로이 날거나 풀숲에 깃들어서 하루를 접는다. 강물은 맑고 노을은 곱다. 아파트 놀이터에는 아이들 목소리가 한껏 높다. 걱정할 일이 많고도 많지만 감사할 일도 못지않게 많다. 목로의 청년들은 다시 문을 열어 돈을 벌고 거기 테이블에 앉은 갑남을녀들은 로스구이인지 제비추리인지를 맛있게 먹으면 될 일이다.

  성격상 거의 불멸에 가까운 개별적 근심에다가 타자와 현상들에 대한 걱정을 포개어 얹어서 끙끙 앓기만 했다. 글을 쓰는 이 시간 절절하게 생각한다. 근심은 좋지 않은 걸 예상하기 때문에 생긴다. 좋은 쪽으로 생각하자. 그러면 좋아질 것이다, 좋아지고말고. 그들도 나도.

일흔, 나

연수교육 중이다. 오디토리움이라는 대형공간에서 1,800백여 명의 회원이 강의를 듣는다. 오전 아홉 시에 길게 줄을 서서 등록을 하고, 열 시에 시작해서 오후 다섯 시쯤에 끝난다. 여기 모여 앉은 사람들 중에서 나는 거의 꼭대기라 할 수 있는 선배다. 일흔, 나. 현역이다.

첫 시간의 주제가 '2형 당뇨병'이다. 나의 친애하는 30년 지기 친구 2형 당뇨병, 귀를 바짝 세우고 듣는다. 모 의대교수의 강의는 매우 학술적이나 내겐 그다지 도움이 되지 않는 것 같다. 화면에 비치는 췌장이나 간의 모형들과 도표, 원어들이 흐릿하다. 백내장이 진행되고 있다. 그러니 내 탓이다. 앞자리 친구들, 옆자리 후배 다 졸고 있다.

몇 가지 건강식품이 넘치게 건강한 강사의 격정적인 강의로 소개된다. 무심하게 듣는다. 중식 후에 병태생리와 약리에 전문적 지식을 쌓을 수 있는 강의가 몇 시간 진행된다. 본격 졸음이 시작되는 시점이다. 수학 선생님의 교탁 두들기는 소리에 화들짝 놀라 눈을 번쩍 뜬다 (이 나이에도 지각 꿈, 시험 꿈을 자주 꾼다. 어휴!). 요즘말로 '유체이

탈'하여 아득히 떠돌기만 하다가 일정이 끝난다. QR코드나 찍고 간다. 교육과정, 이수履修했다.

녹보수가 잎사귀들을 축 늘어뜨리고 있다. 늘어진 이파리들이 쪼글쪼글하다. 자주 잎사귀들을 쓰다듬거나 눈인사를 하는데 눈치채지 못했다. 며칠 몹시 더웠다. 이른바 '대프리카'의 위용을 자랑하듯 체감 온도 40도를 오르내렸다. 힘들었던 게다. 화원주인마다 물 주기의 주기를 다르게 말한다. 물 주기가 잘못되었나. 너무 더웠나. 식물에 무지하면서 욕심 때문에 사 모은 화초들, 모두 고생한다. 녹보수에 물을 듬뿍 주고 영양제를 꽂았다.

그리고 며칠, 녹보수는 반쯤의 잎들을 털어버리고 편안한 모습으로 서 있다. 떨어진 잎들이 바닥에 쌓여있다. 정말이지 시원하다. 가지들은 힘이 솟아서 팔을 벌리고 있다. 절체절명, 셀프 가지치기. 살아남으려는 안간힘이다. 나무의 치열한 생명력이 내게로 건너온다. 벅차다.

녹보수는 지금 건강하다. 빽빽하게 우거져 있어도 아까워서 가지치기를 못 하고 있었다. 참다못한 나무가 스스로 해냈다. 엉성하지만 멋지다. 나무를 들이던 날 마음에 든다고 했더니 화원주인이 대박나무라 하였다. 대박! 그 '대박'이란 말에 신명이 났다. 함께한 세월이 길어지면서 정이 깊어졌다. '대박'은 속으로 품고, 그 이름 그대로 '녹보수'라 부른다.

나무의 잎사귀 털어내기를 보면서 나를 들여다본다. 일흔 살이 된

나를 응시한다. 중력의 법칙에 순응하느라 눈꺼풀이 자꾸만 내려와서 실눈이 되어간다. 뺨은 처지고 팔자주름이 선명하다. 목에 잔주름도 생겼다. 손등에는 푸른 핏줄들이 돋아 보인다. 뭐 참을 만하다. 그보다 더 좋지 않은 건 몇 가지 질병이 들러붙어서 운명을 함께하겠다고 버틴다는 것이다. 이 또한 방도가 없다. 일흔, 이게 나다.

육신의 것은 그렇다 치자. 수필 「마흔의 봄」을 쓸 때 나는 내가 어른인 줄 알았다. 어림도 없는 착각이었다. 그간의 삼십 년 세월이 어리석음으로 점철되었다고 하면 과장이려나? 이제 정말 어른이구나, 아니 어른이 되어야 하는구나, 그런 자각이 온다. 너그러운 어른이 되어야겠다는 생각을 오래전부터 해왔다. 그럼에도 나는 여전히 속이 간장종지만 하고, 적당히 비겁하며, 자주 화가 나는 나이만 어른인 사람이 되어있다.

잠이 오지 않는 밤이 점점 많아진다. 그런 밤엔 엊그제 고민, 오늘 걱정, 내일 근심까지 뒤엉켜 밤새 뒤척인다. 일흔의 나는 편안한 어른이 되지 못했다. 편안해야 너그러워질 텐데. 세월이 물 흐르듯 흘러갔다. 놓쳐버렸다. 무엇인가 잔뜩 움켜쥐고 있느라 달리 향유할 수도 있었던 시간을 놓쳐버린 게다. 허망하다.

나무의 잎 털어내기, 그리하여 건강하게 살기. 저 가련한 나무도 스스로 잎을 떨구어낼 줄 아는데 나는 이날까지 보태기만 해왔다. 그게 물질이면 부자라도 되는 건데 형체도 없는 근심들만 우글거렸으니. TV광고처럼 비워서 '유쾌 상쾌 통쾌'해지자. 비워내서, 놓아버려서 편안해지자, 품이 넓고 너그러운 어른이 되자. 남은 생, 소원이 있다면 자신과 타자에게 다 편안한 사람이 되는 것이다.

현역이라고 했다. 스물셋에 약국 근무를 시작해서 지금까지 공백 없이 일했다. 쉬면 아프다. 남아도는 시간을 어쩌나. 그런 말들을 하면서 지금에 이르렀다. 일흔 생일날에 문득 일을 그만두어야겠다는 생각이 들었다. 그리고 연수교육 중에 닭 졸듯이 졸면서 그 생각에 확신이 생겼다.

정리하고! 남은 날들 유유자적 늙어가자. 녹보수처럼 훌훌 털어내고 편안하게 늙자.

* 시인인 친구가 詩 「일흔, 당신」을 보내와서 화답으로 쓴 글이다.

살아내기 그리고 글쓰기

 누군가 나를 심산유곡의 맑은 물가로 불러냈다. 그가 걸어오는 말에 내 대답은 가난하다. 아무려나 계곡물에 발 담그고 탁족의 한때를 보낸다. 이 지면이 바로 그곳이다. 그리고 현문에 우답, 그게 이 글의 내용이다.
 한 작가가 수십 편의 수필에 일관된 메시지를 담기란 어렵다는 생각이다. 하지만 전체 작품을 관통하는 정신은 있을 것이다. 다른 글에서 이미 썼지만 내 수필을 한 글자로 표현하면 '길'이다. 떠나거나 걷거나 그 위에 서 있거나 길이란 궁극적으로는 그 어디쯤에 이르는 것을 전제로 한다. '밥'은 그 길을 걷는 자의 양식이다. 육신의 양식이며 영혼의 양식이다. 그런 의미에서 '밥은 숭고하다. 밥은 절절하다. 밥은 절체절명의 명제다. 밥은 형이하학이며 동시에 형이상학이다.'라고 수필 「밥」에서 이미 진술하였다.
 모든 존재는 길 위에 있고 그 길에서 실존하기 위해서 절대로 놓칠 수 없는 게 '밥'이겠다. '밥'이란 위에서도 서술했듯이 먹는 것일 수도 있고, 채우고 싶지만 채워지지 않는 욕망일 수도 있다. 그런 견지에서 보면 '새', '섬', '밥', '길.4'를 한 줄에 꿸 수도 있다. 그뿐만 아니라 나의 다른 작품들도 대부분 그 줄에 세울 수 있겠다. 작가가 미처 인식하지 못한 의미를 캐내는 게 평자의 몫이다. 그 점에 동의한다.

  길 위에 있는 자는 고단하고 외로운 법이다. 길을 걸을 때, 멈추어 섰을 때, 그리고 종착점이 보이지 않아서 퍼질러 앉았을 때 내가 열망하는 게 있다. 바로 자유(=편안함)이다. 내게 있어서 자유란 굴레에서 벗어나 훨훨 나는 게 아니다. 내 새장에 새가 있고 그 새는 날고 싶어 하지만 어디론가 날아가 버리고 싶은 건 아니다. 내게 있어서 자유와 동의어인 편안함은 일탈도 초월도 아닌 '멍하니'와 유사한 의미다.

  신천의 새를 바라보고 있을 때, 늦은 저녁에 서늘한 강물에 발목을 담그고 있는 새를 오래 바라보고 있을 때, 내 바람은 그 검은 새(늦은 시각이어서 검게 보였는지도 모른다.)가 이제 그만 둥지로 날아갔으면 하는 것이었다. 물론 연민이다. 존재하는 자의 고단함에 전적으로 공감한 것이다. 하지만 그게 꼭 무거운 감정만은 아니다. 가벼움까지 포함하여 새와 공감하고 공유하며 공존하는 마음이라고 해야 맞다.

  '검은 새'가 승화하여 '흰 새'가 된 것일까. 읽기에 따라서 그럴 수도 있고 아닐 수도 있겠다. 그 둘은 때로는 하나이며 때때로는 각각의 개체이다. 아무튼 생로병사와 희로애락을 지닌 존재를 '새'에다 투영한 것이다. 수많은 질곡을 건너고, 사막에서 버텨야 하고 결국은 넘어서야 하며, 어딘가에 닿고 마침내는 등짐을 내려놓는 것, 그게 새와 내가 희망하는 편안함이다.

　'새', '섬', '밥', '길'이 다 상징어이다. 수필은 구체적이어야 한다. 그런 지론에서 보면 상징 또는 은유는 반수필적일 수도 있겠다. 하지만 어쩌겠는가, 작가에게는 그가 고집하는 작법도 있는 것이다. 「섣달그믐 밤」은 바로 그런 의지의 발로이다. 하여 이 글을 나는 가장 좋아한다. 문학적 완성도와는 별개 문제다. 그 글을 쓰기 전에 나는 오랜 상상의 시간을 가졌다. 마음껏 상상했다. 그리고 젊은 왕을 불러냈다. 그 왕은 역사적으로 성공하지 못했다. 하여 더 마음이 아팠고, 존재의 근원적인 고뇌를 그와 나누고 싶었다. 그를 불러내어 내가 위로받았다. 눈물이 보이지 않는 글이지만 행간은 눈물로 질펀하다.

　나뭇가지에 걸려서 찢어진 채로 펄럭이는 '비닐봉지'에게도 이젠 쉬어야지, 이젠 돌아가야지, 하고 배웅하는 마음을 보냈다. 글줄 위에 드러난 의미는 환경오염에 관한 메시지일 수도 있겠지만 정작 내 마음은 이미 갈 길을 다 간 '비닐봉지'를 편안하게 해 주고 싶었던 것이다.

　글에는 직설도 있고 은유도 있지만 신천에서 내가 바라본 새들은 구체적으로 실재하는 생명체들이며 그들의 한살이는 그리 다르지 않다. 은유로 표현했든, 상상을 형상화했든 글 속의 현상은 구체적인 삶, 그 현장에 근간을 두고 있으며 그것으로부터 육화한 것이다. '새가 꿈꾸고 내가 열망하며 동시에 내 안의 새를 날려 보내고 싶은, 그 자유란 그러니까 곤고한 일상의 뒤에 찾아오는 것이다. 일상은 고단

한 날개 위에 내려덮이는 어둠이며, 늦은 저녁의 허기이고, 시린 발목이다.' 나머지 문장들은 군더더기다. 이것이 수필「새」의 핵심이다. 그리고 '길 걷기'와 '살아내기'와 '글쓰기'의 핵심은 진실이다. 하지만 진실이라고 생각하는 그게 과연 진실일까. 그걸 모르겠다. 모르는 채로 진실일 수 있기를 지향할 뿐이다.

작가가 자신의 글을 해석(또는 설명)하는 건 독자의 몫을 제한하는 행위가 될 수 있다는 생각이다. 하여 이 글을 마감일이 임박할 때까지 쓰지 못하고 있었다. 수필을 쓰면서 이따금 아쉬운 점이 있다면 글이 거의 매번 승화된 결말에 이른다는 것이다. 그게 좀 지리멸렬하고 재미없다는 생각이 들 때가 있다. '언해피엔딩unhappyending'인 수필은 어떨까. 또 하나 도무지 안 되는 게 있다. 촌철살인의 해학과 풍자다. 내 글은 그게 없어서 재미가 없다. 줄거리의 문제가 아니라 그냥 재미가 없는 것이다. 이 글이 그 증거가 아니고 무엇이겠는가.

밤이 깊었다. 젖은 발을 닦고 일어나야지. 잠이 맛있겠다. (이런! 또 행복한 결말이다.)

* 참고: 수필집 『새』에 대한 수필가 정임표 님의 평설에 답한 글이다.

3
내 책상 위

우리가 사랑하는 인간

산문의 로망 『섬』을 이 세상에 선물한 장 그르니에를 사랑한다.

TV 예능프로그램 알쓸인잡(알아두면 쓸데없는 인간 잡학사전)을 시청하고 있다. 전작인 알쓸신잡(알아두면 쓸데없는 신비한 잡학사전)을 흥미롭게 보았던 터였다. 그날의 주제에 대해서 MC 포함 6명의 출연자들이 자유롭게 자신의 전문분야 혹은 관심사를 이야기하는 일종의 토크쇼이다.

그 두 번째 주제가 〈우리가 사랑하는 인간, 우리는 어떤 인간을 사랑할까〉였다. 물리학자 김상욱 씨는 아인슈타인, 뉴턴은 존경의 대상이라고 하며, 물리학자들이 가장 사랑하는 과학자는 유머가 풍부한 천재 물리학자 리처드 파인만이라고 했다. 의사 이호 씨는 히포크라테스가 인간을 신에게서 독립시켰다고 했다. 질병은 신의 저주나 벌이라 여겼던 시대에 히포크라테스는 질병에는 원인이 있으며 원인을 치료하면 질병을 극복할 수 있다고 했다. 히포크라테스는 그렇게 사람들을 깨우치고 의학의 발전을 위해서 일생을 헌신하였다. 어찌 사랑하지 않을 수가 있을까.

  소설가 김영하 씨는 자신이 사랑하는 인물로 발자크를 내세웠다. 조금은 아는 인물이 나와서 나는 좀 더 솔깃해졌다. 소설가는 『발자크 평전』을 추천하며 발자크에 대해서 열정적으로 토로했다. 발자크는 하루 16시간을 미친 듯이 글을 써댔는데 그게 툭하면 사업을 벌이고, 망해서 생긴 빚을 갚기 위해서라는 것이다. 발자크는 허영심이 강하고 낭비벽이 있으며 속물적이라고도 하였다. 돈 많은 상속녀와 결혼하고 싶어 했고, 귀족이 되고 싶어서 오노레 발자크란 이름 가운데 '드'를 넣어 오노레 드 발자크란 귀족 이름을 만들었다고 한다. 소설가는 말했다, 그의 삶은 어리석었으나 그의 문학은 위대했다. 잠자는 시간도 아끼며 미친 듯이 글을 쓴 그를 사랑하지 않을 수 없다. 프로그램을 시청하고 난 후 『발자크 평전』을 구입했다. 책이 두꺼워서 완독을 할 수 있을까 했는데 현재까지는 아주 흥미진진하다.

  이쯤에서 그러면 '내가 사랑하는 인간은 누구인가'란 질문이 생긴다. 도박 빚에 쫓겨서 미친 듯이 글을 썼던 도스토예프스키를 나는 사랑했다. 그의 위대한 작품들을 읽었을 때 사랑하지 않을 수 없었다. 조르바를 그토록 매력적인 인물로 그려낸 니코스 카잔차키스를 사랑했고 서머싯 몸을 사랑했다.

  나는 또 작은 탁자에 찻잔 두 개만 놓고도 얘기를 나눌 수 있을 것 같은 샬럿 브론테를 사랑한다. 그의 대표작 『제인 에어』를 읽은 후 오랜 세월이 흐른 후에 우연히 시리 제임스가 쓴 『샬럿 브론테의 비밀일기』를 읽었다. 그의 성장 과정과 동생들을 모두 잃는 지난한 삶을 들여다볼 수 있었다. 여성은 지위가 높거나 부유한 집 자제와 결혼을 하는 게 당연한 꿈이었던 시대에 샬럿 브론테는 자신의 일과 진정한 사랑을 실현했다. 오, 이런! 내가 사랑하는 사람을 여기에 모두 초대하면 방이 비좁겠다.

우리가 사랑하는 인간은 누구인가. 우리는 어떤 인간을 사랑하는가. 명사들이 나와서 사랑한다고 말한 대상은 완벽한 사람이 아니라 감동을 주는 사람이라는 생각이 들었다. 인류의 현재와 미래를 위해서 학자로서, 의사로서 최선을 다하거나 예술가로서 인류의 영혼을 울리는 위대한 작품을 남긴 사람을 우리는 사랑한다는 것이다.

처음으로 돌아가서 다시 말하거니와 나는 장 그르니에를 사랑한다. 그의 『섬』을 사랑한다. 알베르 카뮈가 쓴 발문을 감히 흉내 내지는 못하지만 장 그르니에의 산문에 대한 나의 환호는 카뮈에 못지않다. 나는 '섬'을 소재로 하는 글을 여러 편 썼고 이따금 장 그르니에의 산문을 혼자 낭독한다. 나에게, 우리에게 『섬』을 읽게 해준 장 그르니에에게 무한 감사하며 우리가 사랑하는 인간에 장 그르니에를 초대한다. 글을 마치며 그의 문장 몇 줄을 독자들 앞에서 낮은 목소리로 읽는다.

「나는 혼자서, 아무것도 가진 것 없이, 낯선 도시에 도착하는 것을 수없이 꿈꾸어 보았다. 그러면 나는 겸허하게, 아니 남루하게 살 수 있을 것 같았다. 무엇보다도 그렇게 되면 〈비밀〉을 간직할 수 있을 것 같았다.」

그저, 웃다

자동차를 샀다. 작고 예뻤다. 긴 망설임 끝에 17년 된 중형차를 처분하고 새 차를 마련했다. 일흔을 넘긴 남편이 새 자동차를 사는 게 옳은 일일까를 오래 생각했다(나는 운전을 못한다). 면허증을 당국에 반납할 때까지 이 낡은 차를 탈 수 있을까, 와 조금이라도 빨리 교체해야 그나마 몇 년이라도 운행할 수 있지 않을까 사이를 설왕설래하다가 1,600cc의 매끈한 차를 샀다.

만족도가 높았다. 우리 부부는 출퇴근을 같이한다. 이 차가 이래서 좋다, 저래서 좋다고 하면 서로 그렇다고 맞장구를 쳤다. 연비가 좋고 주차하기 쉽고 스피커 음질이 좋다, 뭐 그런 것들인데 정말 괜찮았다. 그토록 우리를 기쁘게 했던 자동차를 잃었다. 거의 대부분이 파손되어서 다시 볼 수도 없다.

남편은 먼저 나가서 시동을 걸어 놓고 나를 기다렸다. 내 모습이 보이면 자동차를 조금 앞으로 움직이고 나는 자동차로 가서 문을 열고 조수석에 앉는다. 늘 그랬다. 자동차가 아파트 주차장을 기분 좋게 빠져나가서 신천 동안도로를 달리는 동안 나는 강가에 핀 온갖 꽃들을 예뻐한다. 얕은 물에 오종종 모여서 부리를 쫑긋거리며 아침회의(?)를 하거나 떼 지어 나는 백로들의 활기찬 생명력을 기꺼워한다. 또한, 다리 건너 칠성시장으로 가는 사람들의 발걸음을 응원한다. 내게, 우리에게 평범하지만 찬란한 하루가 열린 것이다. 그게 맞고 그래야 한다.

그날, 그 아침은 달랐다. 내가 가까이 가자 차가 움직이는 것 같더니 뿌앙~! 굉음을 내며 비틀비틀 순식간에 시야를 벗어나는 것이다. 너무 놀라서 나는 그 자리에 얼어붙었다. 몇 초 정도였는지 지금도 모르겠다. 자동차는 지상으로 올라가는 휘어진 통로로 사라졌다. 쿵쾅쿵쾅! 부딪치는 소리, 금속 찢어지는 소리가 났다. 본능적으로 발이 떼졌다. 자동차가 간 곳으로 달렸다. 통로가 휘어지는 지점에서 벽을 들이받고 자동차는 멈춰 있었다. 무서웠다. 하지만 문을 열어야 했다. 에어백이 터져 있었고 남편이 거기 박혀 있었다. 불렀다. 반응했다. 그걸로 되었다. 한참 만에 정신을 차린 그가 힘들게 자동차에서 빠져나왔다. 아들을 불러서 뒤처리를 맡기고, 딸에게 전화해서 청심원 챙겨 오라고 했다. 그러고는 덜덜 떨면서 택시를 불러 출근을 했다.

무슨 정신으로 일을 시작했는지 모르겠다. 내 일이 워낙 안 할 수도, 남에게 미룰 수도 없게 되어있다. 시간이 되면 처방이 나오고 나는 투약을 해야 한다. 자동차는 어디론가 끌려가고 남편이 왔다. 여느 날처럼 일을 했다. 마침 동짓날이어서 죽집에 팥죽을 시켰다. 죽이 아니면 아무것도 넘어가지 않을 것 같았다. 액땜, 이걸로 액땜이다. 그렇게 생각하고 싶었다. 넋이 나간 듯한 남편에게 말했다. "우리한테 나쁜 일이 생긴 게 아니에요. 당신 안 다치고, 다른 사람 안 다치게 하고, 주차장의 그 많은 차들 다 비켜갔어요. 그 정도면 좋은 일 정도가 아니라 대박이에요." 그는 대꾸 없이 시큰둥하게 팥죽만 먹었다.

  한 사나흘 입을 닫고 있더니 갑자기 말문이 터진 그가 무용담을 늘어놓기 시작했다. 차가 급발진하는 순간 정신을 바짝 차렸다. 통로로 방향을 잡아야 사람과 자동차들을 피할 수 있다는 생각을 했다. 지상으로 올라가는 경사진 커브 통로에서 벽을 들이받아야 멈출 수 있다고 판단해서 이 악물고 핸들을 돌렸다고 몇 번이나 이야기했다. "맞아요, 맞아. 당신 정말 잘했고 순발력 있고 운도 좋아요." 그를 한껏 추켜세웠다. 진심이었고 풀 죽은 모습도 안쓰러워서 거듭거듭 그를 칭찬했다.

  그 아침, 그 하루 내내 입속으로 "감사합니다, 하느님, 감사합니다." 뇌고 또 뇌었고 지금도 생각날 때마다 감사한다. 아무리 생각해도 나쁜 일이 일어난 게 아니라 좋은 일이 생긴 것 같다. 불과 다섯 달 만에 자동차를 잃어버렸다. 처참하게 부서져 버린 그 예쁜 차가 눈에 밟히고 물론 돈도 아깝다. 하지만 그가 무사하고 아무도 다치게 하지 않았다. 일상이 와장창 깨질 수도 있었는데 얼마나 다행한 일인가. 눈물 날 만큼, 아니 펑펑 울어도 좋을 만큼 감사한 일이다. 집과 일터 사이에 버스노선도 없고 지하철도 연결되지 않는다. 택시로 출퇴근을 한다. 우리는 그저 하하 허허 웃는다.

내 인생의 저녁

나이 이야기를 하고 싶지는 않다. 그럼에도 나이를 소재로 쓴 글이 서너 편이나 된다. 「마흔의 봄」, 「쉰일곱 살」, 「10년 전의 나는(67세)」 등이다. 그 나이 때의 심상을 내비친 글들이다. 나이가 제목이거나 소재가 아닌 글들에도 '이 나이에'나 그와 유사한 표현들이 심심찮게 끼어 있다. 나이를 자주 들먹인 까닭을 구태여 말하자면 쉰넷에 돌아가신 엄마보다 오래 살겠다고 다짐을 했기 때문이 아닐까 한다. 엄마가 돌아가셨을 때 나와 동생은 막막했다.

어쨌거나 자고 일어났더니 일흔이 되었다. 정초에 생일잔치를 했다. 코로나19 방역지침이 6인 이하를 허용하던 시기였다. 아이 셋이 의논하여 만든 자리에 우리 부부, 그렇게 다섯 명이 조금 비싼 밥을 먹었다. 꽃다발을 안았고 선물과 금일봉을 받았다. 뭐, 좋은 시간이었다.

그래, 일흔이 되었다. 이제 뭘 하나. 어제와 오늘이, 그리고 내일이 별다를 게 없는데, 일상은 여전히 반복되는데 남은 시간을 어떻게 보내지. 나는 '웬만큼'보다 더 나이를 많이 먹었고 생각해 보면 머리부터 발끝까지 아프지 않은 데가 없다. 그런 터에 할 수 있는 게 뭘까. 따위의 그다지 쓸모없는 생각에 한동안 파묻혔다.

소설 『남아있는 나날』의 스티븐슨을 생각한다. 달링턴 홀(대저택)의 완벽한 집사로 거의 일생을 보낸 스티븐슨은 엿새 동안의 휴가를 허락받는다. 일이 우선이어서 떠나보냈던 사랑하는 여인을 찾아 먼 길을 떠난다. 긴 그리움에 짧은 만남이었다. 스티븐슨은 쓸쓸하고 허망했다. 저물녘 우연히 벤치에 함께 앉게 된 노신사가 말했다. "저녁은 하루 중에 가장 좋은 때요, 당신은 하루 일을 끝냈어요." 아, 다행히도 스티븐슨에게는 그리고 나에게는 저녁이 남아있는 것이다.

하루를 살았고 지금은 저녁이다. 저녁은 가장 좋은 때라고 노신사가 스티븐슨에게 말했다. 저녁시간을 어떻게 보낼까 너무 고민하지 말자. 그냥 지금처럼 하루하루 살면 될 터이다, 그리 생각하다가도 무슨 열망 같은 것이 내 속에 있어 불쑥불쑥 고개를 든다. 스물세 살부터 지금까지 일만 했다. 이제 유유자적 살고 싶다. 마음먹어지면 시외버스를 타고 동해로 가서 먼 바다를 바라보았으면 한다. 저물녘까지 있다가 가까운 곳에 방을 빌려 하룻밤 파도 소리를 들으면서 잠들어도 좋겠다. 아니면 어느 늦은 가을날 팔공산 들머리 은행나무 노란 길을 해 질 녘까지 걷고 또 걷고 싶다. 어이쿠! 헛소리다. 혼자 갈 용기도 힘도 없다. 할 수 있는 일을 해보자.

얼마 전에 할 수 있는 일을 생각해 냈다. 그게 지금 마음을 온통 차지하고 있다. "위령회慰靈會에 입회하고 싶어." 딸아이에게 말했더니 "엄마 안 돼요. 엄마 그 일 못 해요." 딱 부러지게 말했다. 딸아이는 그 일이 죽음과 연관된 것이어서 늙은 엄마가 거길 가는 걸 저어하는 모양이다. 위령회란 성당의 단체명인데 장례가 있으면 회원들이 가서 연도(죽은 영혼을 위한 기도)를 하고, 전문가들은 염습과 입관에 직접 참여하기도 하며 장지에도 함께 가는 일들을 한다. 그 단체에 들고 싶은 이유는 간단하다. 절대 갸륵한 게 아니다. 우선은 받아주는 연령대라는 것이다. 다른 단체(성가대, 어머니회, 마리아회 등)에 가입할 나이를 초월한 지 오래되었다. 위령회도 60세 이상이니 지금 들어가도 고령에 속할지도 모른다.

  말했듯이 일에만 매여 있느라고 대개 나이별로 입회할 수 있는 어떤 단체에도 가입할 기회가 없었다. 그러니까 봉사를 하거나 기도를 하거나 청소하는 일까지 아무것도 못 하고 살아왔다. 오직 나를 위해서만, 그리고 내 가족만 챙기면서 일생을 살았다. 이제 죽은 영혼을 위한 일에 가서 기도문이라도 읽고 싶다. 이 또한 내 마음 편하자고 하려는 것인지 내 속을 다 들여다보지는 못했다.

  아무튼 장례식장을 부지런히 찾아가서, 콧등에 걸린 안경을 밀어 올리며 죽은 영혼을 위해 연도를 하면, 마음을 다해 기도문을 읽으면 내 인생의 저녁이 참 평화로울 것 같다. 하지만 나는 아직 한 발짝도 떼지 못하고 있다.

내게 '남아있는 나날'이 있다. 그것만으로도 충분하다. 그래, 시간이 남아 있지. 그 시간에 하고 싶은 뭔가를 할 수도 있고, 그냥 저녁노을이나 바라보면서 만년을 보낼 수도 있겠지.

* 연도煉禱: 죽은 영혼을 위한 기도문을 보통 여럿이 가락에 맞춰 소리 내어 읽는다.

닮은꼴 셋이다

「그는 이른바 시인이 아니다. 하지만 시인의 마음을 가졌다면 시인일 수 있지 않을까? 또 어느 시인의 말처럼 사는 것이 시詩라면, 그의 언어들도 서로 부르고 화답하면서 시가 될 수도 있겠다는 생각을 했다.」

시집 마지막에 붙인 「아내의 말」 첫 단락이다. 문단에 있는 시인들에게 미안해서, 책이 범람하는 시대에 여러모로 낯이 없어서 변명 아닌 변명을 했다. 남편이 시집을 냈다. 문단 언저리에도 가보지 않은 그가 언제부턴가 시 비슷한 것을 끼적거렸다. 꽤 신선한 시어도 보이고 더러는 괜찮은 내용도 있었다. "당신 시 쓰면 되겠다." 그는 계면쩍어하면서도 고무된 표정을 지었다. 참 현실적인 사람인데, 감성적인 구석이라고는 보이지 않는 무척 건조한 사람인데 뜻밖이라는 생각을 했다. "써 봐요. 당신 칠순에 맞춰 시집 묶으면 좋을 것 같은데요."

그러고는 몇 해를 잊고 있었다. 이른 봄에 그가 말했다. "내 시집 묶는다더니 접었소?" 느닷없었다. 처음엔 열심인 것 같더니 한동안 쓰는 걸 못 봤다. 그러면 그렇지 시 쓰기가 그리 쉬울 리가 있나 했고, 무심했다. "시 썼어요?" "썼지요." 남편이 공책을 내놓았다. 뒤로 갈수록 나아질 거라고 해서 뒷장부터 앞으로 넘기면서 읽었다. 많았다. 대개 초심자들이 그렇듯 겁 없이 마구 쓴 것도 같았다.

그의 일흔 번째 생일을 생각하니 바빴다. 기대를 하고 썼으니, 말을 했으니 시집을 묶자는 생각을 했다. 이름이 활자화된 건 명함이 유일하다. 무엇보다 활자가 된 자신의 글을 처음 대할 때의 그 떨림을 나는 알고 있다. 그것은 설레고 가슴 벅차는 것이다. 이제 그 느낌이 아득히 멀어졌는데 새삼 어떤 떨림이 나에게 왔다. 글을 쓰는 일은 오롯이 자신을 바치는 일이다. 사랑이라는 감정을 어렴풋이 알아갈 때의 뭐라 형언할 수 없는 설렘, 그것이 글쓰기에도 있다. 하여 사랑에 점점 빠져들어 가듯이 글쓰기의 마력에 몰입하게 된다. 남편은 바로 그 풋사랑을 시작한 것이다.

일백 편이 넘는 시를 한 편 한 편 읽으면서 그의 시심을 느꼈다. 물론 많이 미흡하다. 삼십 년 글을 써온 나도 매번 글 앞에서 자신이 없고 여전히 서투른데 그는 오죽하겠는가. 형식면에서는 행과 연의 구별이 잘 안 되어 있고, 내용은 대개 너무 일상적이고 사유의 깊이가 약하다. 그는 시 창작을 공부해 본 적이 없다. 게다가 신문 외에는 독서도 거리가 먼 그가 쓴 시는 그저 그답게 평범하다. 하지만 이게 어딘가 싶다. 문단의 시인들이 내게 보내온 시집들이 서가에 있고, 미처 읽지 못한 시집은 책상에 한참 머물기도 한다. 그가 시를 접할 수 있는 기회가 그뿐인 게다. 그 시집들에도 관심을 보인 적이 거의 없었다.

아무튼 그는 시라는 것을 썼고, 나는 정리해서 묶어야 한다. 오자와 탈자를 수정하고 행과 연을 자연스럽게 배치했다. 교정부호로 지저분해진 공책을 딸아이에게 넘겼다. 컴퓨터에 옮기는 작업을 그 아이는 금방 해냈다. 표제를 정하는데 그와 나, 딸아이와 아들이 의견을 모았다. 가족의 마음이 모인 시집을 내고 싶었다. 그야말로 문외한이라 여겼던 남편의 필생의 작품집을 준비하는 것이다. 즐거웠다. 시인이 아니기에 더 귀하게 여겨진다.

표제를 「닮은꼴 셋이다」로 정했다. "닮은꼴 셋이다/ 딸, 아들, 나 셋이 닮은꼴이다/ 자식 키우기 참 힘들어도/ 아이들을 보면 흐뭇하다" 둘째 연이다. 결혼 전에 여읜 어머니를 그리워하고, 어머니와의 추억을 그린 시가 많았다. 이 나이의 사람들이 항용 그렇듯이 가난했던 어린 시절의 추억을 회상하는 시도 적지 않았다. 궁핍했던 옛날은 자주 얘기했지만 어머니를 이렇게 그리워하고 있는 줄은 몰랐다. 어머니를 그리는 수필을 제법 많이 썼던 나로서는 그의 마음을 헤아리지 못했다는 생각이 들어서 많이 미안했다. 그에게도 사무치는 그리움이 있었던 게다.

책 제목에 맞는 사진을 얻고자 동해바다로 갔다. 남편과 두 아이를 카메라에 담았다. 앉아서 또는 서서 수평선을 바라보는 세 사람의 뒷모습을 원경으로 잡았다. 내 흘러간 시간들을 생각했다. 그 흔적이며, 아픔이며, 환희였던 셋, 잠시 아리다가 오래 감사했다.

시집이 나왔다. 예상은 했지만 남편은 그 이상으로 기뻐했다. 일흔 번째 생일날, 저녁 식사 자리에서 서명이 된 시집을 아이들에게 나누어주는 은발의 그를 나는 흔연하게 그리고 애련한 마음으로 바라보았다. 그 후 며칠은 형제들에게, 옛 친구들에게 책을 보내고 인사를 듣기에 정신이 없어 보였다. 지금은 평온한 일상으로 돌아와 있다.

소소한 일상 -모년 모월 모일

화첩이 날아왔다. 서진이 전시회를 한다고 한다. KTX를 탔다. 시간 내기가 어려워서 많이 망설였지만 결국 기차를 탔다. 토요일 오전이다. 열차 안은 쾌적하고 시원하다. 자리가 많이 비었다. 이래서야 적자가 나지 않을 수 없을 터, 나로서는 어찌할 수 없는 일인데 공연한 걱정을 한다.

창밖으로 풍경들이 휙휙 지나간다. 짙푸른 산야가 좋다. 기차를 탈 때마다, 풍경들이 휙휙 지나갈 때마다 생각나는 게 있다. 그 옛날 버스를 타고 외갓집에 갈 때 나무전봇대들이 차창 밖으로 그야말로 휙휙 지나가서 나는 어지러워 토악질을 해댔다. 하여 그렇게나 아껴 입던 꽃무늬 원피스를 다 버려서 많이 울었다. 지금 생각하면 먼지를 풀풀 날리며 가던 그 시절의 버스가 속도를 냈으면 얼마나 냈겠는가 싶어서 어린 내가 새삼 안쓰럽다.

지금 이 날씬한 기차는 시속 300km로 달린다. 나는 이제 어지러워하지 않는다. 창밖을 내다보며 풍경을 즐긴다. 녹음이 우거진 산들과 태양이 내리쬐는 비닐하우스들을 편안하게 내다본다. 기차의 속도가 옛적 그 신작로를 달리던 버스보다 오히려 느린 것 같다. 속도에 익숙해진 내가 마음에 들지 않는다.

서진을 찾아가는 게 좋다. 그림을 잘 모르지만 화첩에서 본, 선과 색채만으로 표현한 그의 그림이 마음에 든다. 전시회의 주제「지금, 여기Now & Here」는 그의 수필 제목이기도 하다. 풍경을 보던 눈을 거두어들여 서진의 화첩을 펴본다. 나로서는 참 알 수 없는 도형들이다. 서진의 남다른 정신세계를 가늠해 본다. 그와 나는 무엇인가로 통하면서도 많이 다르다.

열차가 대전역에 도착한다는 안내방송을 내보낸다. 반이나 왔다. 불현듯 이 열차가 시베리아를 횡단하는 열차처럼, 혹은 "리스본행 야간열차"처럼 오래 참으로 오래 달려주었으면 좋겠다는 생각을 한다. 어딘가에 도착하는 것보다 거기로 향하고 있을 때가 더 좋을 것 같다. 지향하는 가치에 도달하기보다 그 바라는 바를 향해 한 걸음 한 걸음 더디게 내디딜 때가 더 행복하지 않을까.

개울이 보이고 낡은 다리가 보인다. 개울가에 풀들이 멋대로 자라서 무더기무더기 풀숲을 이루고 있다. 그 사이로 물이 흐른다. 흐르는 물은 언제 보아도 좋다. 물은 모름지기 흘러야 한다, 졸졸졸 콸콸. 개울 너머로 멀리 낮은 집들이 모여 있고 좁은 길이 기다랗게 이어져 있다. 당장 내려서 저 길을 걸어보고 싶다. 참 물색없다.

그림 앞에 서 있는 서진은 아름답다. 그림을 가리키면서 상형문자니, 알파와 오메가라느니, 색채와 거기에 담긴 숨은 의미들을 얘기한다. 기호가 어떻고 수사학이 어떻다 할 때 그는 온전히 몰입하고 있다. 헝겊 모자와 헝겊을 끈으로 이어놓은 것 같은 헐렁한 옷차림과 다소 짙은 화장이 평소의 그와 달라 보이지만 여전히 매력적이다. 나는 그를 다소 멀찍이 바라보면서 그가 나와 좀 더 멀리 서 있는 느낌을 받는다.

전시회장을 나와 냉면을 먹으며 유럽 여행 이야기를 하는 그는 일상적인 여자로 돌아와서 여행 중에 남편이 이러저러했다고 흉을 본다. 잠자리가 편해야 한다는 여자와 잠만 자고 나갈 집에 돈을 쓰는 것보다 비행기의 비즈니스석을 사는 게 낫다는 남자는 냉면 한 그릇을 다 먹도록 티격태격한다. 그들의 무겁지 않은 입씨름이 그럴싸하고 재미있다.

하행, 늦은 오후의 햇살이 투명하게 비낀다. 얼마간의 피로가 허리를 감고 어깨에 얹힌다. 이때쯤은 언제나 두통이란 놈에게 두들겨 맞는다. 늘 맞고 있지만 달리 대응할 도리가 없다. 번번이 내가 진다. 참 끈덕지고 모진 놈 같으니!

열차 천장에 붙은 텔레비전이 소리도 없이 보여주는 뉴스는 자막만으로도 충분히 소란스럽다. 총리가 사임을 한다고 고개 숙인다. 사고는 현재진행형이다. 우리는 모두 아프다. 사건·사고, 전쟁, 세계는 잠시도 쉬지 않고 요동을 치며 역사책을 쓰고 있다. 조그만 몸과 작은 머리에 담겨있는 '나'라는 사람도 쉼 없이 개인사를 써 내려가고 있다.

모년 모월 모일 서진의 전시회에 가다. 내 몸은 작고 내 머리는 더 작다. 그런 내가 역사에서 한참 비켜서서 일상의 소소함을 주절거린다.

다시 창밖으로 눈길을 보낸다. 창밖 세상은 언제나 평화롭다. 보이기는 하되 들리지 않는 까닭이다. 나는 마치 아무 소리도 들리지 않는 창밖 세상처럼 혼자서 고요하다. 저 창밖에 있는 한 잎 풀이나 작은 돌멩이도 비에 젖고 바람에 구르면서 살아갈 텐데 나는 참 염치없이 호강이다, 눈감고 귀 닫고.

곧 동대구역에 도착한다. 아무짝에도 쓸모없을 것 같은 이 문장들도 여기서 끝난다.

밀정 그리고 송강호

'자나 깨나' 수필을 생각한다. 물론 그만큼 쓰지는 못한다. 양적인 면에서도 그렇고 질적인 면에서는 더욱 그러하다. 다만 마음만은 늘 간절하여서 영화를 볼 때도 한 편의 수필로 환치하여 읽고 해석한다. 그래서 「시 그리고 윤정희」를 제목으로 수필을 쓰기도 썼다.

오늘의 제목도 「밀정 그리고 송강호」이다. 영화는 1920년대 일제의 주요시설을 폭파하기 위해 상해에서 경성으로 폭탄을 운반해야 하는 독립의열단과 이를 쫓는 일본경찰의 사생결단 암투를 그리고 있다. 실제사건인 "황옥 경부 폭파사건"을 모티브로 한 것이라고 한다. 황옥이란 인물의 정체성은 여전히 논란이 되고 있지만 오늘의 주제는 거기에 있지 않다.

"넌 이 나라가 독립이 될 것 같냐?"란 대사가 영화 초입에 나온다. 총상을 입고 구석에 몰린 의열단원인 친구에게 이정출(송강호)이 안타까운 마음으로 묻는 말이다. 이 대목은 대단히 중요하다. 수필에서는 도입부에 해당한다. 도입부는 전개와 결미를 가져오는 마중물이

기 때문에 글을 쓸 때마다 매우 고심하는 대목이다. 그 당위성이야 어떻든 이 대사는 이정출이 친일행위를 하는 기조의식이 되는 것이다.

이정출은 일본 경찰들과 함께 친구를 쫓으면서 "죽이지 마! 총 쏘지 마!"를 외친다. 쫓고 있기는 하지만 그 친구를 죽이고 싶지 않은 것이다. 친구는 총을 맞아서 덜렁거리는 엄지발가락을 뜯어내고 죽는다. 자신이 쫓은 친구의 최후를 보면서 조선인 출신 일본 경찰 이정출의 감정은 복잡해진다. 이정출의 그러한 감정을 송강호는 특유의 명암이 뚜렷한 얼굴에 입체감 있게 담아낸다. 인물이 가진 이중적 인격을 그 이상 표현할 수는 없을 것이라 생각했다. 완벽한 육화肉化다.

영화가 보여주고 싶은 건 물론 일제강점기를 살아낸 사람들의 고뇌와 고통, 친일과 항일이란 두 선택지 중 하나를 고를 수밖에 없었던 인물들의 이야기일 것이다. 그런 줄거리를 영화라는 작품으로 만들면서 카메라 또한 여러 선택지 중에 보다 중요한 것을 비출 수밖에 없겠다는 생각이 든다. 수필을 쓸 때도 그렇다. 가지치기를 한다. 그래야 잎사귀들 사이로 파란 하늘이 보인다. 글이 명징해진다는 것이다. '송강호'를 제재로 하여 '밀정'이라는 시대적 인간상을 그려낸 연출자의 마음이 이해는 된다.

영화는 많은 시간을 송강호의 연기에 집중한다. 때문에 다른 인물들과의 관계도, 일제에 정보를 넘겨서 동지를 일망타진 당하게 하는 작중 다른 인물이 마땅히 가져야 할 내면의 갈등 따위를 생략한다. 영화를 보면서 생각했다. 단락 간의 유기적 관계가 헐겁다. 그 인물이 그러해야만 하는 당위성이 결여되어 있다. 한 편의 수필로 보면 결함일 수도 있겠다 싶었다.

"마음의 움직임이 가장 무서운 것 아니겠소?" 의열단장이 이정출을 조선의 밀정으로 쓰고자 단원들을 설득할 때 했던 말이다. 단장의 말대로 이정출의 마음이 움직인 것이다. 그런 과정을 겪는 이정출을 표현하는 송강호의 표정 연기는 압권이다. 고뇌가 깊어서 숨도 쉬어지지 않는 눈빛, 얼굴 근육의 미세한 떨림, 자신이 또 변절할지도 모른다고 또 다른 주인공인 김우진(공유)에게 말할 때의 혼란스런 표정을 나는 글로 옮길 수가 없다. 그런 점에서 내 수필은 저급하다.

일본 경찰부에서 파티가 열리는 시간 이정출은 폭파장치를 끝낸다. 경무국부장 히가시가 술잔과 함께 전해진 쪽지를 펼칠 때 드러난 친구의 발가락은 섬뜩하면서도 통쾌한 것이었다. 놀라서 앞을 살피는 히가시에게 이정출은 술잔을 높이 든다. 재판장에서 일본어로 자신이 의열단원이 아님을 변명하면서 울먹이던 장면에 이어 송강호의 일품 연기가 또 한 번 돋보이는 장면이다. 극적 효과를 최대치로 끌어올리는 연출이며 수미상관이다.

뒷모습 연기도 여러 장면이 있다. 폭파와 폭탄 전달을 마친 송강호는 청년에게 임무를 전달한다. 자전거 페달을 힘차게 밟는 청년의 앞모습에서 미래지향적 희망이 느껴지는 반면 혼자 걸어가는 송강호의 뒷모습은 더할 나위 없이 쓸쓸해 보인다. 죽은 동지들에 대한 회한과 여전히 예측 불가능한 미래에 대한 불안한 감정을 송강호는 묵직한 뒷모습으로 전해준다. 그밖에 배경으로 깔리는 음악들, 어둡고 무거운 내용에 반하는 재즈, 무곡의 동떨어진 느낌이 오히려 처절과 비참을 증폭시킨다. 1920년대의 음악들이다. 동시대에 세계는 이런 노래를 부르고 이런 음악을 연주했다. 나는 이 음악들을 행간의 장치 혹은 의미로 해석한다.

"넌 이 나라가 독립이 될 것 같냐?"로 시작하여 "마음의 움직임이 가장 무서운 것 아니겠소?"로 전개된 영화는 "우리는 실패해도 앞으로 나아가야 합니다. 그 실패가 쌓이고, 우리는 그 실패를 딛고 더 높은 곳으로 나아가야 합니다."란 의열단장의 말로 결미에 이른다. 숙연한 메시지가 전해지는 대단원이다. 그렇게 한 편의 영화, 한 편의 수필 읽기는 끝난다.

삶에 감사하며

　미세먼지가 말끔히 걷힌 하늘이 지상으로 금빛 햇살을 쏘아주는 아침이다. 강둑에 언뜻언뜻 보이는 연둣빛 낌새를 반기며 출근을 한다. 라디오에서 메르세데스 소사의 「삶에 감사하며 Gracias a la vida」가 흘러나온다. 영혼을 울리는 알토 목소리를 참 오랜만에 듣는다. "내게 그토록 많은 것을 준 삶에 감사합니다."로 시작되어 감사한 모든 것들을 말하며 기도하듯이 부르는 소사의 목소리를 듣는 이 아침, 더불어 감사하다. '귀뚜라미와 카나리아 소리, 망치 소리, 개 짖는 소리, 빗소리~ '를 들을 귀를 주심에 감사한다. 우리가 늘 아무렇지도 않게 놓쳐버리는 소소한 일들을 주옥같은 노랫말이 그렇구나, 그걸 잊은 채 살고 있구나, 깨우쳐 준다.
　스무 살 즈음에 안톤 슈나크의 「우리를 슬프게 하는 것들」을 그 나이다운 감성에 빠져서 읽었다. "울고 있는 아이의 모습은 우리를 슬프게 한다. ~날아가는 한 마리의 해오라기, 추수가 지난 뒤의 텅 빈 논과 밭, ~이 모든 것은 우리를 슬프게 한다." 슈낙의 문장은 울림이 크다.

그의 '슬픔'에는 인간과 생명에 대한 연민이 배어있다.

　음악도, 문학작품도 작가 개인의 창작물을 넘어서 그 시대를 표상하고 동시에 시대를 초월하는 인간 정신의 소산물이라는 생각이 든다. 메르세데스 소사는 정치적 경제적 어려움에 처한 조국 아르헨티나의 민중들에게 노래로 삶의 희망을 주었고, 안톤 슈나크는 특유의 유려한 문체와 서정적인 내용으로 세계대전으로 피폐해진 인류의 정서를 정화시켰다. 지금 우리가 그렇다. 위로가 필요하고 서로 긍휼히 여기는 마음이 필요하다.

　애청하고 있는 클래식-FM의 주파수가 어느 날부터 잡히지 않았다. 잡음이 심해서 도저히 들을 수가 없다. 채널 맞추다가 신경이 날카로워진다. 가지고 있는 CD로는 도저히 충족되지 않는다. 감미로운, 경쾌한, 장엄한 여러 갈래의 음악을 더 많이 듣고 싶다. 일하면서 음악을 들으면 마음이 평화로워진다. 어찌어찌 중고 오디오 세트를 손에 넣었다. 전문가가 구리선을 연결하여 안테나를 길게 올려주었다. 오늘은 구노의 「장엄미사」를 한 시간쯤 들었다. 오, 아름다운 음악이여! 부를 수 있다면 소사의 노래를 부르고 싶다, 삶에 감사하며.

　지난 늦여름, 일터 건물의 화단에 꽃을 좋아하는 여인이 쑥부쟁이를 심었다. 보라색 꽃이 활짝 핀 채로 강제로 이주당한 그것이 살 수 있을까 염려했는데 다행히 피고 지고 하면서 가을을 채우고 겨울 초입까지 보랏빛 생명을 이어갔다. 들길이나 산길을 걸어야 볼 수 있는 가을꽃을 창 너머로 종일 볼 수 있었다. 도회지라는 회색빛 섬에서 날마다 만날 수 있는 쑥부쟁이가 그토록 위안이 될 줄 몰랐다. 지금은 그것이 바짝 마른 꼬챙이가 되어 기우뚱 서 있지만 여름이 오면 그 자태를 드러낼 터이다. 다시 만날 날을 기다린다, 삶에 감사하며.

며칠 전에 J 선생이 매화나무 몇 가지를 가져다주었다. 정원의 매화나무에 꽃망울이 맺히면 작은 가지 몇 개를 꺾어서 해마다 봄소식을 전해 준다. 맑은 병에 물을 채워서 가지를 꽂아놓으니 실내의 안온한 공기에 금방 만개한다. 유감스럽게도 피어난 속도만큼이나 빨리 이울긴 하지만 무미건조한 공간에 며칠이나마 봄이란 시간을 뿌려준다. 짧게 머물다 가는 매화는 모든 것은 유한하다는 평범한 진리를 깨우쳐 준다. 슬픔도 기쁨도 지나가는 것이며 고통도 절망도 마냥 머무르진 않는다. 시간은 흐른다. 모든 건 시간을 따라 흘러간다. 그래서 허무한가, 아니다. 유한하기에 살아있음이 절절하고 눈물겹다. 이렇듯 사소한 기쁨이 '들의 꽃처럼 하늘의 새처럼' 많다.

슈나크의 "우리를 슬프게 하는 것들"이 오히려 위안이 되듯이, 우리를 기쁘게 하는 것들 또한 결코 만만치 않은 삶에 대한 희망과 열정을 가져다준다. 우리에게 주어진 것들도 소사가 미처 다 부르지 못한 노래 밖 세상에 넘친다. 한 시간, 하루, 그리고 남은 날들을 밀도 높게 보내고 싶다, 삶에 감사하며.

내 책상 위

안방 침대 옆 창가에 ○○의료기가 놓여있었다. 간이침대만 한 크기의 그것은 매우 환대를 받으며 들여졌다. 허리가 좋지 않은 남편은 전열기구가 등을 훑으며 오르내릴 때 몸에 전해지는 약간의 통증과 치료 효과를 좋아했다.

그러나 그 좋아했음은 점점 희미해지고 무심해졌다. 의료기는 마침내 용도 폐기되었다. 비싼 값을 치렀는데 불과 몇 개월을 쓰고 10여 년을 방치했다. 그것은 볼 때마다 잘못된 소비와 사용자의 게으름을 일깨워 주었다. 게다가 남편이 들고날 때 의료기의 귀퉁이에 자주 부딪쳐서 상처가 나곤 했다. 나이 들어서 공간 감각이 다소 떨어진 그를 위해 나는 의료기를 내치기로 했다.

그것을 들였을 때를 생각하면 도저히 버릴 수가 없지만 그렇다고 마냥 끌어안고 살 수도 없는 노릇이다. "하나씩 버리며 살아야 해요." 그럴듯한 말로 '아깝다'는 그를 설득했다. 주민자치센터나 관리실에 가서 폐기물처리용 스티커를 사야 한다고 했더니 아이가 인터넷 중고시장에 내놓겠다고 한다. 그것 참 묘수다. 누군가에게 의료기가 이롭게 쓰인다면 그보다 좋을 수가 없고, 우리는 폐기물 스티커를 사지 않아도 된다. '마당 쓸고 동전 줍기다.'

중고시장에 올리자마자 사겠다는 사람이 나섰다. 우리는 큰돈이라도 번 것처럼 좋아했다. 2만 원에 내놓았다. 스티커 값보단 많은 액수다. 물건을 보러 온 사람은 생각보다 헌 것이라며 망설였다. 치울 욕심에 반값에 내주었다. 그것이 나간 자리가 휑해졌다. 남편의 침대 옆에 협탁을 놓았다. 의료기에 던져놓던 지갑이나 안경, 자동차 열쇠를 협탁에 놓으니 방의 격이 높아진 것 같아서 좋다.

큰 물건을 돈 들이지 않고 내어놓고 보니 버리는 재미가 여간하지 않다. 버리자, 비우자, 가벼워지자 하면서도 잔뜩 끌어안고 사는 데 익숙해져 있다. 어디에선가 "당신의 책상 위 95%는 쓰레기다."란 문장을 읽은 적이 있다. 『인도기행』을 쓴 후지와라 신야는 여행을 시작하기 전에 버리고 치우고 하다 보니 절실하게 필요한 건 칫솔 정도라고 했다. 그 젊은이(그때는 20대 청년이었다.)가 놀라웠다. 법정스님도 그런 가르침을 주셨다. 늘 생각한다, 너무 많이 가졌다고. 실제로 몇 날 며칠에 걸쳐 온 집 안을 들쑤시며 이것저것을 내놓기도 하면서 살았다. 그럼에도 집 안은 늘 물건들로 가득 찬다.

의료기가 나가면서 비어진 공간이 시원하다. 내친김에 작업을 시작한다. 옷장을 열어서 여러 해 입지 않은 옷을 정리한다. 깨끗한 것은 '아름다운가게'에 내놓으려고 따로 손질하고 개켜서 상자에 담는다. 못쓰게 된 것은 커다란 종량제봉투로 들어간다. 신발장에서 헌 구두들을 가려내고 살이 부러진 우산은 살과 천을 분리한다. 나는 가려내고 남편은 주워 담는다. 별 쓸모가 없어 보이나 미련 때문에 남겨진 물건들이 아직도 많다. 그렇겠지, 죽는 날까지 그러쥐고 살아가겠지.

"이제 어디가 남았나." 하고 둘러보다가 문득 식탁 옆 벽에 붙은 시계를 본다. 오후 여덟 시 반. 하루 일이 끝나고 저녁 식사까지 마친 시간이다. 좋은 시간이다. 시간을 읽다가 본 시계가 새삼 예쁘다. 문자판 지름이 15cm 정도인 동그란 시계는 테와 굴뚝이 붙은 지붕이 원목으로 처리되어 있다. 한마디로 '심플'하다. 일터 마당 한구석에서 그것을 주웠다. 건물 2층 치과에서 인테리어를 다시 하면서 낡은 소파와 의자들을 내다 버렸는데 고것이 헌 의자 위에 얹혀 있었다. 예뻐서 주워 왔다. 시간이 잘 맞지 않던 전자시계를 떼어내고 그 자리에 붙이니 산뜻하다.

내어놓기도 하고 드물게는 주워 들이기도 하면서 살아간다. 내어 놓으면 집보다 마음이 더 시원하고 시계처럼 들여놓아서 마음을 더 채워주는 것도 있다. 아무려나 버리는 연습을 하면서 살련다. 다 놓아 버릴 그날을 염두에 두어서만은 아니다. 이따금 마음이 동하면 집 안을 털어내면서 속이 시원해지고 싶다.

그나저나 지금 내 책상 위엔 무엇들이 있나? 읽던 책들과 간직하고 싶은 신문기사들과 몇 년 치의 수첩, 메모지, 연필꽂이, 노트북이 있다. 아, 대구시가 제공한 지침서 "지진재난 행동안전 패키지"도 있네. 이게 다 쓰레기라 해도 어쩔 수가 없다. 아직은 버릴 때가 아니다.

섬, 단순하고 조용한 삶

　수필 「섬」은 내게 특별한 작품이다. 문학적 완성도와는 별개로 이 글을 소중히 여긴다. 글을 쓰기 위한 장치 그러니까 소재의 선택부터 구성, 주제 설정까지 어떤 의도도 없이 막 써 내려간 글이다. 니코스 카잔차키스가 조르바의 사망 소식을 듣고 '막 써 내려' 간 소설이 한때 내가 경도되었고 떠올릴 때마다 다시 읽고 싶을 정도로 매력적인 『그리스인 조르바』이다. 물론 그에 비할 바는 아니지만 어느 날 시장을 다녀와서 앉자마자 아무 망설임 없이 '섬' 제목부터 썼다. 그리고 써 내려갔다.

　언제였는지 모르겠다. 장 그르니에의 『섬』을 읽었다. 경이로웠다. 섬이 뇌리에, 가슴에 머물렀다. 그날, 투명한 비닐로 칸을 지른 간이식당에 앉아서 수제비를 먹을 때 참 편안했다. 먹다가 생각하니 이건 정말 비밀이다, 익명의 자유로움이다. 그런 생각이 들었다. 사람들에게 완전히 노출된 채로 잊히는 것, 소란스러움 속에서 혼자 있는 것, 그게 데카르트가 취한 '비밀스러운 삶'의 방식이다. 장 그르니에는 '마른 돌담 하나만으로도 나를 보호해 주기에 족'하다면 그곳이 어디든 '섬'이 될 수 있다고 했다. 낯선 곳이 아니어도 좋은 것이다. 익숙하지만 '비밀'을 간직할 수 있으면 그것으로 그만이다. 내가 꿈꾸는 섬도 그렇다. 조용히 지낼 수 있는 시간과 공간이 곧 섬이다.

나는 일을 하고 있고 그 일이 사람들을 만나는 것으로 시작된다. 일터를 찾는 이가 누구든 유리문만 열면 만남은 이루어진다. 그게 좋지 않다는 의미는 아니다. 수많은 사람, 아니 거의 대부분의 사람들이 그렇게 살고 있다. 다만 조용한 공간, 고요한 시간에 대한 내 열망이 매우 크다는 것이다.

20대 초반에 시작한 일을 아직도 하고 있다. 40년이다. 노역은 힘들었지만 그건 모든 사람들이 그렇게 살아가는 것이기 때문에 특별할 것이 없다. 누구나 밥벌이를 하고 밥벌이는 사람들에게 많이 노출될수록 좋은 법이다. 그 점에 불만은 없었다. 사람과 사람의 틈새에 책을 읽었다. 읽고 있는 중에도 다른 책이 또 읽고 싶어져서 누르고 누르며 읽어야 했다. 그러다가, 어쩌다가 글을 쓰기 시작했는데 이 욕구가 끊임없이 꾸역꾸역 올라오는 것이었다.

빈방, 비어있는 시간이 필요했다. 세상은 언제나 소란스럽고 갖가지 근심에 휩싸인 내 속은 늘 어지럽혀져 있었다. 그 어디쯤에서 장 그르니에를 만났다. 수필 「섬」에서 서술했듯이 그런 차원의 '섬'에 도달하기란 무척 어렵고 더구나 내 안에 그런 격이 다른 '섬'을 품을 수도 없는 노릇이었다. 하지만 나는 이따금 '섬'을 만난다. 그런 정황을

'섬'에 들었다고 표현하는 나의 심상은 매우 주관적이어서 공감을 얻기 어려울 수도 있겠다. 아무튼 '섬' 안에서 나는 고요하고 평화롭다. 그 고요와 평화가 귀해서 「먼 곳 또는 섬」, 「꽃 섬, 꽃바람」을 썼고 또 「섬」을 썼다.

 막 써 내려갔다, 어떤 장치도 없었다, 오직 속에 있는 것들을 쏟아냈다. 이렇게 말하면 과장이라 할 것인가. 아니다. 언제든지 쓸 준비가 되어있었다고 해야 맞을 것이다. 장치란 말이 나왔으니 덧붙일 게 있다. 「섣달그믐밤」은 내가 많이 좋아하는 글이다. 텔레비전을 시청하다가 광해군이 아직 임금이었을 때 "섣달그믐밤의 쓸쓸함에 대해서 논하라."를 과거시험의 시제로 내렸다는 말을 들었다. 불현듯 과거시험을 보고 싶다는 생각이 들었다. 그뿐, 소재는 수첩 속에서 두어 해 잠자고 있었는데 몇 해 전 섣달그믐밤에 글을 쓸 마음이 강하게 일었다. 임금이 원하는 답안은 헤아릴 바 없었으나 그저 내 마음이 시키는 대로 써볼 요량이었다. 내용과 형식을 먼저 선택하고 단락의 배치를 궁구했다.

 「평범한 날의 평범한 이야기」, 「밥 먹는 여인」도 그러했다. 장치와 의도는 작위와는 다르다. 구성 양식, 표현기법, 형상화 과정을 거치는 것이다. 상상과 현실을 교차해서 서술하기도 하고, 작가관찰자시점視點, 혹은 작가전지적시점에서 풀어나가기도 했다. 변화를 모색해 본 것이다. 이런 작품들이 완성도는 높을지 모르지만 내 취향은 아니라는 생각이다. 나는 그냥, 그저, 써 내려가는 것이 좋다. 「섬」은 냇물 흐르듯이, 바람 불듯이 쓴 글이다. 수필로서 어느 쪽이 윗길인가는 내 관심사가 아니다.

　비 내리는 날 쓴 글이 많다. 비가 내리면 쓰고 싶어진다. 정조情調가 그렇게 만드는 것이다. 비가 내리면 누구나 바깥을 내다보게 된다. 나무들이 젖고 길이 젖고 강물이 젖으면서 사람도 젖는다. 차분해지고 사유가 깊어진다. 책상에 앉고 싶어지는 건 자연스러운 정서가 아니겠는가. 그게 맞는데 그날 나는 평소에 하지 않던 걸음을 했다.

　우산을 찾아들고 길을 나섰을 땐 사실 아무 계획도 없었다. 다리 위에서 강물을 내려다보다가 비의 촉감을 느끼고 싶어서 우산을 접었다. 우산이 있는데 쓰지 않고 비를 맞는다, 그게 나인가? 상관이 없었다. 어물전을 둘러보았다. 거기 절절한 삶, 펄펄 살아있는 건강한 삶이 있었다. 고등어는 그 삶에 이끌려서 저절로 사게 된 것이다. 그리고 오찬, 수제비는 뜨끈하고 맛있었다. 거기서 예기치 않게 익명의 희열을 맛보았다. 나와 오찬을 함께한 모르는 남자, 오찬을 차려준 아주머니, 불편하지 않았다. 편안했고 고요했다. 물론 허락을 구하지 않고 맞은편의 남자를 묘사한 건 미안한 일이다. 수필을 쓰면서 자주 맞닥뜨리게 되는 곤혹스러운 경우다. 대체 무슨 권리로 그를 또는 그녀를 내 글에 등장시키는가.

　이게 바로 '섬'이구나. 수제비를 먹으면서 그런 생각을 했다. 돌아와서 내가 어찌 글을 쓰지 않을 수가 있겠는가. 내가 사랑하는 장 그르니에의 조용한 삶, 그리고 장 그르니에가 부러워한 데카르트의 비밀스러운 삶을 나도 조금은 살아갈 수 있을 것 같았다. 하지만 수필 「섬」의 말미에서 말했듯이 나는 여전히 단순하고 조용한 삶을 살아가지 못하고 있다. 그 까닭은 내가 노출된 채로 살고 있어서가 아니라 내 안에서 엎치락뒤치락하며 잠시도 나를 놓아주지 않는 오만가지 욕심들 때문일 것이다. 많고도 많은 해야 할 일들과 가져야 할 것들이 낳을 무거운 근심들 때문에 앞으로도 소란스러운 삶을 이어갈 수밖에 없을지도 모르겠다. 그럼에도 불구하고 나는 단순하고 조용한 삶을 지향할 것이고 이따금은 운 좋게도 그런 시공간을 가질 것이라 기대한다.

길 그리고 그물망

1

봉산문화거리를 천천히 걷고 있었다. 화랑들을 기웃거리다가 〈회화적 그물망〉이란 걸개를 걸어놓은 전시관으로 들어갔다. 그날 이후 한동안의 시간이 흘렀다. '그물망'이 머릿속을 헤집고 다녔다. 별수 없지 않은가, 쓸 수밖에. 〈그물망? 그물망!〉이란 제목으로 수필을 썼다. 그림을 감상하면서, 글을 쓰면서 나는 매우 긴요한 결정結晶 하나를 얻었다. 그때 차용한 제목을 오늘도 차용한다.

'그물망'이란 말에 매료되었다. 화가의 촘촘한 그물망에 나무와 사람, 꽃과 빛이 걸려있었다. 수천수만 번의 섬세한 붓질이 있었다는 걸 느낄 수 있었다. '문학적 그물망'이란 말이 뇌리에 와 박혔다. 의식하지 못했고 이름 짓지 않았을 뿐 나에게도 분명 문학적 그물망이 있었던 게다.

내게 수필 쓰기는 내내 '길'이란 단 한 글자로 압축되어 있었다. 시작은 있지만 끝이 없는 막막한 '길'의 이미지가 나의 수필 쓰기였다.

오리무중인 그 길에서 만나고, 정들이고, 사유하고, 빚어내기가 글쓰기의 과정이었다. 그렇게 20년을 썼다. 그리고 여전히 오리무중인 채로 어정쩡하게 서 있다. 앞으로 수십 년을 더 쓴다 할지라도 마찬가지일 터, 그런대로 하나의 명제를 더한다. 바로 '그물망'이다.

2

길은 동적動的이고 그물망은 정적靜的이다. 길 위에서 만나고 정들인 대상을 그물망에 섬세하게 드러내는 치열한 작업이 글쓰기의 시작이고 끝이 아닐까. 거미처럼 혼신을 다해 줄을 뽑아내고, 어부의 절실함으로 그물을 짤 생각이다. 누가 알겠는가, 모시나 삼베처럼 고운 그물망을 만들어낼 수 있을지.

대상을 오래오래 바라보고, 깊고 넓게 느끼며, 보이는 것과 보이지 않는 것 사이의 연결고리를 튼튼하게 잇는 시간을 가져야 한다. 사유의 시간이다. 마침내 한 편의 글을 쓴다. 각고까지는 아니더라도 나름대로 고뇌의 과정을 거쳤음에도 필경은 형편없이 성글고 모호한 결과물과 맞닥뜨리게 된다. 그것은 때때로 고통과 자괴감에 침몰하게 한다.

여기까지 쓰고 보니 이 글 또한 모호하다. '우수와 관념어'가 의식하지 못하는 사이에 끼어든다. 이른바 '날것'을 생생하게 드러내지 못해서 글에는 늘 현장감과 생동감이 결여되어 있다. 글에 등장하는 인물을 대접하는 방식도 난감하다. '김수연, 할머니의 이름은 젊고 세련되었다.'란 문장을 썼다. 여든이 넘은 할머니의 이름이 그 시대에는 드물게 세련된 이름인 건 거짓이 아니다. 하지만 가명이다. 할머니의 실제 이름은 '김수연'만큼 예쁜 이름이다. 허락 없이 누군가를 글에 불러오는 건 언제나 조심스럽다. 해서 아예 화자만 있는 글을 많이 쓰다 보니 글에 진득한 사람냄새가 배어있지 않다. 게다가 익살과 풍자는 멀고 감동도 가깝지 않다.

글은 대개 무거우며 회색빛을 띤다. 글이 그러하다는 걸 인정한다. 다만 개성이라고, 백인백색 중 한 빛깔이라고 애써 생각해 왔을 뿐이다. 가벼움은 무거움보다 더 견디기 힘들어서 그렇게 쓰노라고, 그게 내 영혼의 기록이라고 말해왔다. 앞으로 내 글쓰기가 여기서 한 발짝도 더 나아가지 못할지라도 그건 노력이 부족해서가 아니라 숫제 기량이 모자라는 것이라고 미리 말해둔다. 달라지기 위해 부단히 노력할 생각이다. 행여 달라지지 않더라도 그건 그것대로 어찌할 수 없는 진실이다.

3

여기쯤에서 수필 쓰기의 마디마디를 살펴볼까 한다. 쓰기의 초입에는 대상이 있다. 대상이 없으면 동기유발이 없고 글도 없다. 사람이나 사물, 동식물, 자연이나 사회, 모든 형상과 현상이 다 소재가 된다. 모든 게 다 소재가 되기 때문에 쉽기도 하고 어렵기도 하다. 가볍게 만나서 표피만 긁적거려도 그럭저럭 한 편의 글이 되기는 하는데 결국에는 타작이 되고 만다. 당연히 후회가 뒤따라온다. 고백하건대 그렇게 쓴 모자란 글들이 적지 않다.

하지만 대체로 나는 소재를 굼뜨게 취한다. 이를테면 〈만추〉, 〈세월〉 등은 습작기 때부터 꼭 써보아야지 하고 공책에 적어두었던 50여 개의 제목들 중에서 다행히 적절한 소재를 만나서 글이 되었다. 소재도 없고 동기도 없는데 '꼭 그 제목으로 글을 써보아야지' 하는 욕심도 더러 생기는 법이다. 개인사나 가족사는 가슴에 너무 오래 머물러 있어서 게워내지 않으면 안 될 때까지 기다렸다가 쓴다. 걸러지지 않은 감정이 문장 위에 부유물처럼 떠다니게 하지 않기 위해서다.

십수 년 전의 가을날 달성공원 벤치에 앉아 있었다. 가을정취에 젖어 있다가 문득 앞을 바라보니 좀 떨어져 있는 긴 의자에 할머니와 예닐곱 살쯤의 여자애가 검정 비닐봉지를 중간에 놓고 연신 손을 넣어 무언가를 꺼내먹고 있었다. 평범한 그 모습이 참 아름답게 보였다. 거기서 세월을 보았다. 그리고 5~6년이 지난 어느 날 퇴근길에 집 근처 경로당 마당에 놓인 평상에 앉아있는데 불현듯 공원에서 보았던 '세월'이 가슴에 와 꽂히는 것이었다. 수많은 날들을 '놀이터가 있는 경로당'을 지나다니고 앉아있었는데 그날 〈세월〉의 소재가 비로소 또렷이 다가왔다.

최초의 영상은 공원에서 얻었지만 구체적인 소재를 취하면서 공원의 조손祖孫은 빠졌다. 그 정경은 내게 동기만 주고 사라졌다. 구성을 하는 과정에서 유기적 관계가 느슨했던 게다. 글감 그러니까 소재는 첫눈에 반해서 화들짝, 또는 오래 곰삭아서 천천히 그렇게 다가오는 것이다. 전자는 실패하고 후자가 성공하는 공식 같은 것은 없다. 글쓰기에서 늘 실패하고 아주 드물게 성공하는 걸 보면 그런 생각이 든다.

나를 사로잡은 중심소재 곁에 보조소재들을 모아들이고 과거와 현재 때로는 미래의 영상들까지 불러 모은다. 그 과정이 천착과 사유의 시간이다. 소재에 대한 천착, 글이 전하고자 하는 메시지에 대한 사유는 언제나 미흡하다. 천착과 사유만큼 허기지도록 부족한 것은 없다는 생각이다. 그러거나 말거나 글은 써야 하므로(글을 써야 한다는 조급함이야말로 납득할 수가 없다. 준비가 부족한데 대체 왜 써야 하는가.) 틀 짜기에 들어갈 수밖에 없다.

구성에 마음을 많이 쓴다. 글의 개요를 생각하고, 끙끙거리며 첫 문장을 떠올린다. 그런 다음 몇 개의 단락으로 놓을 것인지에 대한 본격적인 구성을 한다. 단락을 대표하는 낱말이나 문장을 적어놓고 그 차례를 본다. 그렇게 대략이라도 잡아 놓아야 시작할 수가 있다. 의도하지 않았음에도 약간의 작위가 없을 수는 없다. 첫 생각대로 거침없이 써 내려가면 작위가 비집고 들어올 틈이 없겠으나, 종종 단락들의 차례가 바뀌기도 하고 소재의 첨삭이 발생하기에 그런 것이라 여긴다. 상상이 만들어낸 정황이 끼어들고, 액자를 넣기도 하고, 시점時點과 시점視點을 바꾸기도 하면서 글을 쓰지만 가지와 잎이 뿌리와 줄기를 흔들지 않도록 중심을 잡는다.

그리하여 쓴다. 쓰고 싶은 열정을 주체하지 못해서 쓰고, 등 떠밀려 쓰고, 티끌보다 못한 허명 때문에도 쓴다. 피로감과 함께 한 편의 수필 쓰기가 끝이 난다. 그 끝이란 게 알고 있듯이 모양새에 불과하다. 퇴고가 남아있다. 이때쯤 진력이 나기 시작한다. 덮어둔다. 보기가 싫다. 한 주일쯤 지나면 결국 슬그머니 꺼내게 된다. 끝은 보아야 하지 않겠는가. 진정 작업다운 작업을 시작하는 것이다. 냉정해질 때다.

퇴고란 잘라내기이다. 접속사, 형용사, 부사들이 떨어져 나간다. 비슷한 서술어들을 달리 표현하고 반복된 동어를 교체한다. 글을 쓸 땐 아무래도 감정과잉이 되는가 보다. 군데군데 감정이 넘친다. 그런 문장들이 또 빠진다. 대개 원고지 2~3장 분량이 자취를 감춘다. 그런 다음 읽어보면 글맛이 많이 줄어들었다는 느낌이 온다. 가슴이 쓴 것을 머리가 지우기 때문이려니. 퇴고한 글이 더 마음에 차지 않는다. 하여 퇴고하기가 싫다. 실수와 오류를 줄이기 위해 겨자를 씹으면서 퇴고를 거듭하지만 그래도 오류는 끈질기게 잔존한다. 난산이지만 산후의 희열은 작지 않다. 썼으므로.

4

오리무중인 채로 글쓰기는 계속된다. 그물망을 좀 더 촘촘하게 짜서 넓게 펼쳐놓고 그 위에 만나고 정들인 대상들을 천천히 그리고 싶다. 한없이 바라보고 또 바라보기를, 수천수만 번의 붓질을 마다하지 않으련다. 지상의 모든 아름다움과 추함 속에서 궁극적으로 내가 찾아내고 싶은 것은 인간의 숭고함이다. 글쓰기를 통해 더 깊어지거나 더 아름다워지겠다는 꿈은 접었다. 그냥 내 영혼이 글쓰기를 기뻐하기 때문에 쓴다.

 절반 이상의 실패와, 절반의 절반도 되지 못하는 겨우 글꼴을 갖춘 정도의 글을 빚어내면서도 이 지리멸렬한 글쓰기를 멈출 수가 없다. 숙명이라면 숙명이다. 시를 썼더라면 절절한 내 마음 더 잘 풀어냈을까, 더 빛날 수 있었을까, 를 생각해 보지 않은 건 아니지만 부질없다. 그건 마치 다른 남자를 만났더라면 내 삶이 어땠을까, 만큼이나 의미 없는 일이다. 수필, 수필 쓰기야말로 내 첫사랑이며 마지막 사랑이다.

4
오후 네 시

말로 다 할 수 있다면

그는 나에게 어떤 격이 높은 가치나 관념보다 더 소중하였다. 나에게서 그의 존재를 떼어내면 나는 무중력 상태가 되어서 둥둥 떠다닐 것 같은 느낌이 들었다. 그만큼 그의 의미가 무겁고 깊고 컸다.

나는 그를 구성하는 맨 처음 한 개의 세포로 생겨났다가 끊임없이 분열을 하여서, 그를 이루는 전체가 되었을 거라는 실로 엉뚱한 생각을 이따금 해보았다. 이런 비논리적인 사고는 마침내, 내가 병이 나서 앓기라도 한다면 아마 그의 몸에도 실제로 심한 통증이 생길 거라는 망상으로 비약되기도 하였다. 그토록 어이없는 생각을 한 것은 그와의 완연한 일치를 갈망하였기 때문이었으리라.

밤하늘을 올려다보면 유난히 빛나는 별 하나가 지상의 나에게 빛을 쏘아주는데, 그것이 아주 낯익은 눈빛으로 느껴져서 하염없이 그 별에다 내 눈을 맞추곤 하였다. 내가 딛고 있는 땅도 이미 거리나 넓이의 감각으로 헤아려지지 않았다. 땅은 다만 그와 함께 서 있는 하나의 공간 개념으로만 인식되었다.

정녕 꽃 같고 꿈같고 시詩 같은 나날이었다.

어느 한순간도 그를 의식하지 않고는 호흡하지 않는 듯한 최면의 상태, 보이지 않는 곳에서도 보고 있다는 착각의 상태에 놓여 있었다. 강처럼 길고 긴 정감의 물결이 가슴속에서 간단없이 흘렀다.

내가 알고 있는 온갖 아름다운 수식어를 그의 이름 앞에 붙여서 아주 낮게 불러보곤 하였다. 가게에 붙어 있는 간판의 글씨들도 획을 떼고 옮기고 구부리고 펴서 읽어보면 모두 그의 이름이 되었다.

이렇듯 제어할 수 없는 마음은 기쁨보다 고통이 될 때가 더 많았다. 게다가 그의 고뇌까지 고스란히 받아 안을 때면 고통은 갑절이 되어서 나를 덮쳐 왔다. 그럴 경우 나는 찬바람 몰아치는 눈밭을 끝없이 홀로 걷는 처절한 심경에 휩싸이곤 했다.

하지만 나는 어떤 상황이든 대개 좋은 쪽으로 받아들였다. 뙤약볕이 내리쬐는 섭씨 37도의 날씨도 그와 함께이기에 싫다 하지 않았고 폭우가 쏟아지는 악천후도 나에게 쏟아 퍼붓는 그의 마음인 것만 같아서 행복해하였던 까닭이다.

꽃을 보거나 돌을 만지거나 음악을 듣는 단순한 일조차도 그와 연결되면 아주 특별한 정감을 일으켰다. 그가 있다는 사실 때문에 어느 것이나 의미가 있었던 것이다. 이 세상은 그로 인해서 꽉 찬 느낌이었다.

눈길이 닿는 모든 사물에서 그를 느꼈다. 이를테면 이팝나무를 바라보고 있을 때, 불현듯 눈꽃보다 더 흰 꽃잎 하나하나가 그의 눈빛이 되어서 나를 향하고 있는 것이었다. 나는 그의 눈 속, 깊이 모를 심연에 담겨 있고 싶었다. 그런 나날들 속에서 오늘은 어제만큼 기뻤고 내일은 또 오늘만큼 아팠다.

어느 날 그가 말했다. 우리가 햇빛 아래 서면 내 그림자는 당신의 모습으로, 당신의 그림자는 내 모습으로 나타나면 좋겠다고. 한 영혼이 또 다른 영혼에게 다가가서 하나가 되기를 간절하게 소망했던 것이다. 있는 그대로의 서로를 바라보면서 거기에 머물지 않고 대상을 통해서 어떤 의미로든 향상되기를 바랐던 것이다.

마음이 가는 길을 볼 수 있거나 그 흐르는 소리를 들을 수 있다면 서로에게 쏟는 그리움을 다 헤아릴 수 있을 텐데, 라는 생각을 해 본 적이 있다. 하지만 역시 마음은 보이지 않는 것이 좋겠다. 너무 기뻐하는 것이 노출되면 민망하고 너무 고통스러워하면 서로를 괴롭히는 일이 되며, 무엇보다 신비함, 내밀함이 엷어지기 때문이다.

아무튼 그를 만난 것은 비길 데 없는 경이로움이었다. 내재된 기쁨과 슬픔의 양이 얼마가 되었든지 그와 함께한 시간은 소중하였다.

과거 시제로 이 글을 이끌어왔지만 이미 지나간 이야기가 되어버렸다는 의미가 아니다. 그때부터 지금까지 짧지 않은 세월을 이어져 왔다는 것을 말하기 위함이다. 이제 간절함이나 애틋함은 많이 줄어들었다. 서로에 대해서 다소 무덤덤해진 것도 사실이다. 그 대신 그와 함께하는 삶이 호흡처럼 자연스러워졌다. 숨쉬기는 그 절실함이나 귀함이 거의 느껴지지 않지만, 그것은 바로 생명을 뜻하는 것이다.

인간의 감정에 영원성을 얼마만큼 부여할 수 있을지 모르지만, 적어도 겉모습처럼 주름이 지는 것은 아닐 터이다. 그러기에 또 얼마간의 세월이 흘러서 황혼에 이르더라도, 지순至純함만은 그대로 지니고 싶다는 소망을 버리지 않는다. 지순이란 말이 나와 버렸다. 감히 지고至高했다고는 할 수 없지만 지순했다고는 말할 수 있겠다.

수백 통의 편지를 주고받았다. 얼마나 많은 말을 하였겠는가. 그럼에도 불구하고 내 마음의 빛깔을 충분히 그려냈다고 생각되지는 않는다. 고백하건대 표현은 언제나 마음보다 모자랐다. 결코 말이나 글로써 다 보여줄 수 있는 것이 아니었다. 다만 환희와 고뇌가 거듭되는 삶 속에 진실을 용해시킬 수 있을 뿐이었다.

말로 다 할 수 있다면 그것은 아직 사랑이 아니다.

길

산을 오른다. 숨이 차다. 호흡을 조절해 가면서 천천히 한 걸음씩 내디딘다. 각도가 45도쯤이나 될까, 경사가 심한 편이다.

산기슭에서 저 높은 곳 어느 지점을 대각선으로 연결해 놓고 근경을 알맞게 넣어서 앵글을 맞추어 본다. 대각선 위에서 위쪽을 향하여 천천히 걷고 있는 나는 그야말로 풍경화 속의 인물이 된다. 그런 그림을 머릿속으로 그려보니 기분이 좋다. 나는 늘 풍경 속으로 들어가고 싶었다. 어떤 기막히게 좋은 풍경을 보거나 또는 더할 나위 없이 고즈넉한 풍경을 만나면 그 속에 자취도 없이 스며들고 싶었다. 풍경은 참 좋다. 산천초목과 살아 움직이는 뭇 생명들, 하늘과 땅을 아우르는 대자연은 참으로 경이롭다.

풍경 속으로 걸어 들어가서 자취 없어지고 싶은 마음은 어설픈 감상도 아니고, 언감생심 무위자연의 경지를 넘보는 것은 더욱 아니다. 다만 피로한 몸과 지친 마음을 아무도 모르는 깊숙한 곳에 부려놓고 싶을 뿐이다. 말하자면 현실 도피의 못된 심리가 숨어 있는 것이다.

일행을 한참이나 뒤처져서 걷는다. 굴참나무 군락이다. 길섶에 굴참나무의 마른 잎들이 푹신하게 깔려 있다. 좁은 등산로에는 땅 위를 비집고 나온 나무뿌리들이 이리저리 뻗쳐서 자연스레 계단을 만들어 놓고 있다. 원뿌리는 땅속에서, 곁뿌리들은 땅 위에서 넘어지지 않게 산을 끌어안고 있다. 나무의 삶도 어지간히 완강하고 질기다. 어디에서 어떻게 살아가든 생명의 한살이란 만만치가 않다.

길은 구불구불 이어져 있다. '우리 어머니 이불 꿰매다 검은 머리에 얹어둔 실밥 같은 외길'이란 김용택의 시구가 떠오른다. 그 '실밥 같은 외길'을 걷고 있으니 또 하나 생각나는 것이 있다. 길, 언젠가 텔레비전에서 보았던 벽안의 젊은 수도승이 걷던 만행卍行.萬行의 길이 그것이다.

그의 화두는 '나는 누구인가'였다. 그는 자신을 찾아서 끝없이 이어진 길을 걷고 또 걷는다. 산길을 걷고 토굴에도 앉았다가, 시골 장에서 주름진 얼굴의 어르신과 서툰 우리말로 더듬더듬 이야기도 하였다. 서양의 가톨릭 집안에서 동양의 낯선 나라로 훌쩍 넘어와서 수도승이 된 그의 마음은 가늠하기가 어렵다. 하지만 특별한 길을 걷고 있는 그가 참 부럽다는 생각을 하였다. 눈이 파란 그 수도승은 말했다. 길을 걸으면 자연을 만나고, 존재와 삶에 대한 모든 해답을 자연에서 찾게 된다. 그래서 끝없이 길을 걷는다고. 푸르스름한 새벽녘, 아득한 원경 속 대각선 위에서 한 개의 점이 되어 있는 그의 모습을 텔레비전 화면은 오래 비추어 주었다. 앞으로 그가 걷게 될 멀고 먼 길을 미리 보여 주듯이.

  산을 오르다가 그가 생각난 건 그의 만행이 내게 매우 인상 깊게 남아 있기도 했거니와, 지금 나를 담고 있는 풍경이 구도로는 그날의 화면과 많이 닮았기 때문이다. 부러운 건 부러운 것으로 그만이다. 어떤 사람이 걷는 아주 특별한 길을 나는 걸을 수가 없다. 사람마다 다 걷는 길이 다르다. 세상에는 많은 사람들이 있고 사람 숫자보다 더 많을 듯도 싶을 만큼의 길들이 있다. 나는 그중의 한 길을 들어섰고 이미 반 이상 걸어왔다. 다른 길로 뛰어넘어 갈 힘도 없고 그럴 수 있는 시기도 아니다.

  뒤돌아보면 내가 걸은 길도 넓었던가 하면 좁았고, 가파른 오르막길이었다가 느닷없이 내리막길이 되기도 했다. 만행이 따로 없다는 생각도 든다. 다만 '나는 누구이며 무엇을 하는 사람인가'라는 깊이 있는 명제가 함께하지 않았다는 것이 그 수도승과 나의 차이다.

  나는 누구의 길도 아닌 나의 길을 묵묵히 걷는다. 저만큼 앞서가는 일행의 뒤를 열심히 따라 걷고 있지만 실은 전혀 다른 길을 걷고 있는 것이다. 무수한 타인들과 나, 그들과 나, 그대와 나는 각자의 길을 제대로 걸어서 그 어딘가 길이 끝나는 곳까지 가면 그만이다. 더러는 옆길을 넘보기도 하겠지만 그 길이라고 비단이 깔려 있겠는가, 내내 훈풍만 불겠는가.

  산에 이르기 전 자동차 안에서 내다보았던 바깥 풍경들이 하나씩 떠오른다. '당도 높은 안동 사과'란 말과 함께 잘 익은 사과가 크게 그려진 광고판을 보았다. '가을 풀빛 식당'이란, 시인이 이름을 붙인 듯한 기다란 간판도 만났다. '눈비 올 때 미끄럼 주의'란 표지판을 지났고, 부스럼 난 아이의 머리처럼 산허리를 오려내고 앉아 있는 무덤도 보았다.

길 양옆에서 잠시도 쉬지 않고 풍경들이 눈 속으로 들어왔다. 모든 것이 다 삶으로 말미암아 생겨난 것이 아닌가. 집에서 밖으로 나왔다고 해서 한순간도 삶의 의미들을 떠날 수 없는 까닭이 여기에 있다. 길은 여기저기에 있고 산길 들길 아스팔트길을 다 걷지만 실은 오직 '삶'이란 하나의 길을 걷고 있을 따름이다.

어느 사이에 가파른 길이 끝났는가. 퇴락한 암자에 닿았다. 겨울 햇살이 엷게 깔린 툇마루에 앉아본다. 댓돌에 방한화 한 켤레와 흰 고무신 한 켤레가 정갈하게 놓여 있다. 선방에서 수행 중일 어느 낯모를 수도승의 구도의 길을 그려보고 있는 동안 산사 어디선가에서 독경 소리가 들려온다.

"부처님도 옛날에는 우리 같은 중생이라…."

아득한 해탈의 세계로 가는 길도 우리 같은 중생의 발걸음으로 시작되었다고 생각하니 가슴이 따뜻해진다.

내려다보니 숲만 빼곡할 뿐 길은 잘 보이지 않는다. 살다 보면 더러 길이 보이지 않을 때가 있다. 하지만 길은 어딘가를 향해서 뻗어 있다. 한 걸음 한 걸음 내디디면 끝없이 이어지는 것이 길이다. 지금 나는 그 길 위에 있다.

먼 곳 또는 섬

한 시간 남짓 걸었다. 쉬어야겠다. 생수 한 병을 사 들고 긴 의자에 앉는다. 숲에 비가 내리면 어떨까. 비가 자우룩 내려서 숲이 속속들이 젖으면 어떨까. 그 생각을 하면서 수목원을 찾았다. 유감스럽게도 일기예보는 빗나간 모양이다. 하늘은 물기만 그렁그렁 머금은 채 어깨까지 내려와 있다. 그것도 나쁘지는 않다.

흐린 날 오후의 수목원은 조용하다. 수천의 나무와 수만의 꽃들을 바라보고 들여다보면서 걸었다. 천천히 걸었고, 주저앉아서 한가롭게 꽃들과 노닐기도 했다. 먼 길을 목적도 없이 혼자 걷는 느낌이 들었다. 너무 적막하다 싶어서 큰길을 버리고 대나무 숲 사이로 난 좁은 길로 접어들었다. 빽빽하게 들어서 있는 오죽烏竹을 홀린 듯 바라보고 있노라니 한 쌍의 연인이 다정하게 걸어온다. 길을 비켜주면서 그들이 참 예쁘다는 생각을 했다.

장 그르니에는 섬으로 가고 싶어 했다. '섬'이란 멀리 있는 곳이며 조용하고 무엇보다 자유로운 곳일 터였다. 어느 날 '보로메 섬으로!'

란 허름한 꽃가게의 간판을 보면서 보로메 섬이 먼 이상향이 아니라 가게 주인의 일상적인 열망의 표현이란 걸 깨닫는다. 하여 그는 먼 곳과 작별을 하고 '인간적으로 보호해 주는 마른 돌담 하나'만으로도 족하며 '태양과 바다와 꽃'들이 있는 곳이면 어디나 보로메 섬들이 될 것 같다고 생각한다. 그런 심경이 나에게는 없었겠는가. '보로메 섬'으로 가고 싶은 열망, 그 일상적인 열망이 나를 이곳으로 이끌었으리라.

앉아있으니 좋다. 뺨에 와닿는 바람의 감촉이 부드럽다. 바람이 불어와 잎사귀 하나를 건드리는데 수많은 잎사귀들이 흔들린다. 잎사귀들이 가지들을 흔들고 가지들이 술렁거리더니 숲이 소리를 낸다. 그러면서 전체적으로는 아무 일도 일어나지 않은 듯 평온하다. 그 속에 내가 앉아있다. 그 앉아있음이 외롭지 않고 다만 넉넉하다. 자유롭다. 모든 것에서 놓여났고 모든 것을 놓아버렸다. 나는 혼자서 강물보다 더 유장하게 흐르고 동시에 이 지상에서 한 개의 점으로 정지된다.

비가 듣기 시작한다. 건너편 화단의 옥잠화 넓은 잎도 후드득 소리를 낸다. 휘 둘러보니 사위가 고요하다. 비 묻은 바람이 나뭇잎들을 쓸고 가는 소리가 불현듯 무섭다. 하지만 앉아있기에 불편할 정도도 아니거니와 비가 내리기를 바라지 않았던가. 이 호젓함을 좀 더 누리고 싶다.

발치에 큰 개미 한 마리가 저 혼자 가다가 뒤집다가 또 가다가 한다. 사유의 우물 깊숙이 가라앉아있고 싶어 했음에도 불구하고 기어이 개미에게 말을 걸고 만다. 지루해서 그러니? 배탈이라도 난 거야? 모두들 어디 가고 혼자니? 개미가 또 몸을 뒤집더니 손짓발짓으로 대답을 한다. 나는 개미의 말을 알아듣지 못한다. 우리에게 소통은 없다. 개미도 외롭고 나도 외롭다. 혼자 있음이 외롭지 않고 넉넉하다 여겼는데 무리에서 떨어져 나와 온갖 몸짓을 하는 개미를 보니 내가 문득 외롭다.

비가 제대로 내린다. 늦은 여름이라 아직 어둡지 않아서 우산을 들고라도 버틸 참인데 음악이 흐르던 스피커에서 나가달라는 방송이 나온다. 오후 일곱 시가 가까웠다. 수목원 개방시간이 끝나가는 것이다. 아쉽다. 숲이 어둠에 묻힐 때 나도 함께 검은 밤에 함몰되어서 숲과 하나가 되고 싶었는데….

어쩌랴! 방송은 거듭되고 말 안 듣는 시민이 될 수는 없다. 바삐 걷는다. 어디에 앉아있었을까. 한참을 걸어 나오니 또 그 자리다. 당황스럽다. 그러다가 어느 모퉁이를 돌아서 큰길로 나오니, 조금 전에 본 그 연인들이 팔짱을 끼고 여유롭게 걸어 나간다. 반갑다. 한숨 돌리며 그들을 따라 느긋하게 걷는다. 두 손으로 얼굴을 비빈다. 굳어있던 피부가 풀리는 것 같다.

숲에 묻히고 싶었다. 그게 이루어져서 좋은 시간을 가졌다. 그 시간이 진정 고마움에도 숲에 갇힐지도 모른다는 두려움에 잠시 휩싸였다. 수목원을 나선다. 다시 사람 속으로 도시 한복판으로 들어간다. 다음에는 좀 더 멀리 갈 수 있었으면 좋겠다, 그 먼 곳에서도 행여 갇힐까 봐 오늘처럼 두려워하면서 돌아오게 될지라도. 그러기를 거듭하다 보면 언젠가는, 집에서든 숲에서든 내가 있는 그곳이 바로 먼 곳 또는 섬임을 알게 되지 않을까.

새

 새다. 새 한 마리가 얕은 물에 발목을 담근 채로 연신 먹이를 쪼고 있다. 신천新川의 산책로를 걷다가 봇물이 내려와 작은 폭포를 이루는 곳, 물이 가장 가까운 기슭을 찾아 앉았다. 물소리를 듣고 있으면 마음이 고요해진다. 하여 물소리 듣기를 좋아하지만 도회지에서 흐르는 물을 만나기란 쉽지 않다. 걷기 위해서가 아니라 물을 만나고 싶어서 신천을 찾는다. 혼자 앉아서 흐르는 물을 바라보다가, 눈을 감고 그 소리를 듣다가 강 저편에 서 있는 새를 본 것이다. 검은 새다.
 아침저녁 신천을 지나며 백로를 본다. 깃털이 눈부시게 희고 몸매가 빼어난 새다. 새는 천천히 날거나, 길고 가느다란 다리로 서서 자태를 뽐내고 있는데 그 견줄 데 없이 아름다운 새를 차창으로 바라보는 순간 나는 행복해진다. 날거나 머물거나 그것이 새인 것만으로도 나에게 기쁨을 준다. 더구나 하얀 깃털 옷을 입은 새라니!
 하지만 해 저물어 어둡고 선득한데 먹이를 쪼고 있는 저 검은 새는 쓸쓸해 보인다. 그를 바라보고 있는 나는 행복하지가 않고 마음이 아리다. 저 새는 가난하고 추워 보인다. 둥지로 돌아가 잠을 자야할 시간에 왜 아직도 시린 물에 발목을 묻은 채 먹이를 구하고 있는가. 새의 이름도 생태도 모르면서 그 처지를 운운하는 것은 미안한 일이다. 이 시간에 거기에 있는 것, 저 새에게는 그저 평범한 날의 평범한 일상일지도 모른다.

일상이라, 불현듯 이태 전에 본 조각전彫刻展이 생각난다. 각북 가는 길에 동제미술관을 들렀었다. 『일상과 이상』이란 테마로 전시된 작품들 중에 유난히 내게 다가왔던 것은 「여행」이었다. 새의 형상이었는데 인상적인 것은 둥근 공간으로 처리한 새의 몸통에 사람을 앉혀 놓은 것이었다. 하늘을 향해 한껏 길게 뻗친 부리와 목에서 수직상승의 의지를, 수평으로 쫙 펼친 두 날개에서 무한창공을 날고 싶은 열망을 느낄 수 있었다. 그 의지와 열망은 새의 것이며, 새가 되고 싶은 사람의 것이라 여겨졌다.

옳거니 했다. 사람이 만든 새인 비행기로는 도저히 이룰 수 없는 비상이다. 멋진 비상, 진정한 비상은 대기와 구름을 살갗으로 느끼고, 온몸으로 비바람의 저항을 이겨내면서 누릴 수 있는 새들만의 특권이다. 자유인 게다. 작품 「여행」에서 내게 건너온 메시지는 자유였다. 새의 몸에 실려서 여행을 하는 자유가 아니라 '새'라는 형상과 의미 그 자체로 충만한 자유, 그것이 느닷없이 날아와 가슴에 박히는 기분이었다.

그날 새 한 마리가 내게로 들어와서 여태도 살아있다. 나는 그 새를 가두고 있는 새장이며 새 주인이다. 내 안에 있는 새를 내보낼 어떤 방도도 없이 이따금 새의 파닥이는 날갯짓을 느끼고 그 지저귀는 소리를 듣는다. 그런대로 산새 소리 물새 소리 가로수에 찾아드는 도회지의 뭇새 소리를 즐거이, 때로는 아프게 들으며 살고 있다.

강은 빈약하다. 인공으로 유지되는 강이어서 보에 물을 가두고 내보내고를 조절한다. 보에서는 흘러넘치는 물이 연이어 흐르지를 못하고 바로 아래에서 바닥을 드러내는 형국이다. 유장하게 흐르지는 못할지라도 밤낮으로 강물이 흘러서 신천이란 이름이 무색하지 않았으면 좋겠다. 그게 많이 아쉽지만 지척에 물이 있다는 사실만으로도 고마운 일이다. 더구나 그 물 위를 나는 새들을 볼 수 있고, 밤이 되어도 강을 떠나지 못하는 새를 보며 그와 나 그리고 내 안의 새가 하나가 되는 시간을 가질 수 있으니 진정 기껍다.

상념에 젖은 사이 검은 새가 보이지 않는다. 그가 날개를 펴는 순간을 놓쳤다. 어디로 갔을까. 그곳이 어디이든 꿀맛 같은 잠을 자기를 바란다, 내일은 또 하루치의 일상이 기다릴 터이니. 일상은 고단한 날개 위에 내려 덮이는 어둠이며 늦은 저녁의 허기이고 시린 발목이다. 그럼에도 불구하고 일상은 살아있음의 환희와 자잘한 기쁨의 원천인 것이다.

새가 꿈꾸고 내가 열망하며 동시에 내 안의 새를 날려 보내고 싶은, 그 자유란 그러니까 단순히 일탈에서 얻어지는 것이 아니다. 그것은 곤고한 일상의 뒤에 찾아오는 것이며, 겨운 날갯짓으로 헤쳐 나가서야 비로소 이를 수 있는 편안한 마음 또는 얽매이지 않는 정신일 터이다. 온갖 것에 얽매여 저 창공을 날지 못한 내 안의 새는 오늘도 힘찬 비상을 꿈꾸며 다만 하루치의 날갯짓을 끝낸다.

감감무소식

　은우, 그대와 나는 비슷한 시기에 등단해서 오랜 연을 이어가고 있습니다. 하지만 우리는 감감무소식인 채로 몇 해씩이나 보내곤 합니다. 그대가 있다는 생각조차 하지 않고 지낼 때가 더 많습니다. 그러다가 전화 목소리라도 나눌 때면 스스럼없이 속을 다 드러내곤 하지요.

　어제는 건물 앞 화단에 찔레를 심었습니다. 나무의 면모를 갖추지 못한 가녀린 묘목이지요. 언제쯤 그것에서 가지가 뻗어 나오고 잎이 무성해져서 꽃이 필까요. 몇 해 전, 뒤꼍 화단에 이웃 음식점에서 폐수가 흘러들어 해마다 하얀 꽃이 무더기무더기 피던 찔레가 죽어버렸습니다. 이 건물의 작은 공간에 내 일터가 있습니다. 건물주인은 폐수에 빠져 죽은 찔레와 단풍나무를 보더니 혀를 끌끌 차고는 그만이었습니다. 건물주인도 가만히 있는데 내가 뭐라고 할 처지는 아니었습니다.

　봄볕이 가까우니 찔레꽃이 보고 싶어졌습니다. 건물주에게 앞 화단의 빈 곳에 찔레를 심지 않겠느냐고 물었습니다. 그는 인심이 좋은 사람입니다. 며칠 후에 찔레 묘목을 주며 허허 웃었습니다. 작은 나무 하나 심을 땅 한 조각이 없어도 그만입니다. 이 봄에 나는 찔레를 심었고 꽃을 기다리니 한껏 흐뭇할 따름입니다.

 일요일 오후엔 수채화를 그립니다. 이리 말하니 제법 그럴듯합니다만 실상은 그렇지가 않습니다. 언젠가 〈헤르만 헤세 전展〉에 갔다가 헤세 선생님의 화집을 사왔습니다. 화집을 보면서 수채화를 그리고 싶었고, 급기야는 버킷리스트의 첫 번째 목록으로 격상시켰습니다. 언감생심 화가가 될 생각은 없기 때문에 저급해도 괜찮다고 여겼습니다. 베끼는 것부터 해볼 요량이었습니다. 그것도 소질이 있어야 하는 것인데 내게 그런 게 있을 리가 없지요. 비슷하게 그린 데 불과합니다. 책에 있는 그림을 몽땅 스케치북으로 옮겼습니다. 그걸로 그만, 수채물감을 풀 생각을 접은 채 여러 해를 보냈습니다.

 물감이 없다, 물감이 없네, 채색할 자신이 없어서 생각날 때마다 끙끙거린 것인데 얼마 전에 딸아이가 수채물감과 굵고 가는 붓들과 팔레트를 사다 주었습니다. 거실에 신문지를 넓게 깔았습니다. 빵빵하게 배가 부른 유리병에 물을 담고, 색색의 물감들로 팔레트의 칸들을 채웠습니다. 헤세 선생님은 노란색을 참 많이 쓰셨습니다. 집도 땅도 산도 노랬습니다. 노란색은 지상에 내리는 햇살, 그러니까 신의 은총이란 생각이 들었습니다. 지난 일요일엔 채색을 하다가 문득 서늘한 느낌에 고개를 들었더니 햇살이 머물렀던 자리에 그늘이 들어와 있었습니다. 몰입했던 것입니다. 뿌듯했습니다.

은우, 겨우 찔레묘목 하나를 심어서 한껏 기분이 좋고 저급한 그림을 그리고도 뿌듯해지는 내가 부끄럽지는 않습니다. 나이 들어 생겨난 게 자기연민입니다. 그래, 애썼다. 그만하면 되었다. 그렇게 편안하게 넘어갑니다. 애면글면하면서 살았고 아등바등하면서 세월만 보냈습니다. 그랬다고 사람도 살림도 더 나아진 것 같지가 않은데 말입니다.

글쓰기가 특히 그랬습니다. 오늘이 어제보다 더 잘 쓴다는 생각이 도무지 들지가 않는 것입니다. 지나간 시간에 공들였던 걸 생각하면 허무하기 짝이 없는 일입니다. 사는 것도 그렇습니다. 하나둘 질병이 생겨서 떠나지 않습니다. 지병이란 놈이 되어 들러붙어 있는 것입니다. 거기에 대응하는 방식은 이렇습니다. 병원 가고 약 먹고 운동하고 단순해지는 것입니다.

단순해진다, 여기에 답이 있는 것 같습니다. 글쓰기에도, 생의 여러 난제들에도 단순하게 대처하는 것입니다. '잘 써야지'를 '즐겁게 써야지'로 바꾸려 합니다. '잘 살아야지'를 '그냥, 살아야지'로 타협할까 합니다.

날이 풀려서 이따금 신천 강변을 걷습니다. 수양버들 늘어진 가지에 연둣빛이 완연합니다. 개나리가 만개해서 둑을 풍성하게 덮었습니다. 둑 너머 신천대로에 죽 늘어선 가로수에 까치집들이 여럿 보입니다. 어떤 나무에는 네 채나 있었습니다. '채'가 맞겠지요? 폭풍우에도 건재할 만큼 튼튼한 공법으로 축조한 새들의 집을 '개'로 비하하면 안 되는 것이겠지요. 아직은 벗은 가지들이 다소 힘겨워 보였습니다. 나무는 까치들에게 품을 내어주었고 까치는 그 품에 들어서 종족을 이어갑니다. 단순하면서도 심오한 자연의 이치인 게지요.

최근에 『유리알 유희』를 다시 읽었습니다. 명인 요제프 크네히트가 지향하는 완벽한 삶이 너무 고요하고 명랑해서 오히려 무겁게 느껴졌습니다. 다행히 그는 정점에서 모든 걸 내려놓고 겉보기에는 매우 단순하고 작은 임무를 택합니다. 그의 결단에 외경을 느꼈습니다. 그는 곧 죽음을 맞이하게 되지만 그 이야긴 오늘의 명제가 아니기에 예서 그칠게요.

은우, 여기까지가 나의 근황입니다만 그대의 안부는 묻지 않겠습니다. 우리는 늘 감감무소식인 채로 잘도 지내니까요. 내내 평안하시기를.

세월

"할머니, 댁에 들어가시는 거예요?"
"그래, 언사나 오나?"
잘 듣지 못하실 때도 있어서 큰 소리로 인사를 하니, 할머니는 웃음 띤 얼굴로 쌕쌕 숨이 찬 대답을 하신다.

퇴근길에 할머니들과 마주쳤다. 여남은 분의 할머니들이 경로당을 막 나오신다. 종일 친구들과 시간을 보내시다가 지팡이랑 부채 손수건과 조그만 손가방들을 챙겨서 집으로 가시는 길이다.

몇몇 꼬마들이 철봉 옆에 동그랗게 모여 앉아 무슨 시비를 가리는지 '맞다! 아니다!'가 섞여서 와자지껄하다. 하루에 한두 번은 꼭 지나치게 되는 경로당과 어린이 놀이터, 아니 경로당 안 어린이 놀이터의 풍경이다.

집 근처에는 아주 기분 좋은 공간이 있다. 지나칠 때마다 그 풍경은 내 눈길을 붙잡는다. 나지막하게 앉은 빨간 벽돌집 기둥에는 초록바탕에 흰 글씨로 '모범 경로당'이라고 쓴 문패(?)가 붙어있다. 현관은 언제나 열려있어서 흰 고무신이나 굽 낮은 구두들이 가지런히 놓인 신발장이 보인다. 봉숭아, 나팔꽃, 이름 모를 꽃들의 씨앗이 여무는 꽃밭이 있고, 타월 두 장이 빨래 건조대에서 몸을 말리고 있다. 그 아담하고 정갈한 분위기의 경로당은 넓은 마당을 안고 있는데 그냥 마당이 아니다. 보드라운 모래가 깔린 어린이 놀이터가 있는 마당이다. 철봉, 그네, 미끄럼틀이 아이들을 불러들여서 재잘거리는 소리가 멈추지 않는다.

또 동네 아주머니들이나 가끔은 연인들한테도 자리를 내주는 짙은 등나무 그늘과 널평상도 빼놓을 수 없는 그림이다. 이 풍경을 '개똥 뉘지 맙시다.'란 팻말을 달고 있는 느티나무와 무성한 잣나무, 플라타너스와 백일홍나무들이 둘러싸고 있다.

'언사나 오나'가 무슨 말씀인지 금방 알아듣지 못했다. 마침 비어있는 평상에 앉으면서 생각해 보니 '벌써 오느냐'인 게다. 단 두 마디의 숨 가쁜 말씀이 눈물겹도록 친근하다. 옛날 우리 할머니 생각도 나고 살아 계시다면 조금 전 그 할머니처럼 호흡이 편치 않을 연세인 어머니 모습도 그려진다.

지척에 집을 두고 여기에 잠깐 앉았다 가는 것이 퇴근길의 일상이 되었다. 발길을 멈추는 게 아니라 마음을 쉬게 하는 일이다. 가끔은 할아버지들이 싸우시는 듯해서 불안한 마음이 되기도 하는데 그때마다 조금만 기다리면 박장대소하시는 소리를 듣게 된다. 화투놀이를 하다가 언성을 높이시는 것이다. 같은 문으로 들어가서 칸막이를 가운데 두고 앉으시는 할아버지 할머니들은 남녀가 유별하시다. 늦은 아침에 오셔서 해 질 무렵이면 느릿느릿 귀가하시는 어르신들을 뵈면 아직 건강하시다는 사실만으로도 감동적이다.

날마다 이곳에서 모래투성이가 되도록 뛰노는 아이들의 비상하는 새떼 같은 목소리들도 들을 때마다 기분이 좋다. 방학 때면 경륜 높으신 어르신께서 예절교육이나 한문 강좌를 열기도 한다. 지겨워서 몸을 비틀던 녀석들도 그게 꼭 싫지만은 않은 듯 배우고 투덜거리기를 되풀이한다.

노·유老·幼가 함께하는 이 공간은 마을에서 가장 아름다운 곳이다. 어르신들에게서 아름다운 낙조를 보기도 하고 꼬맹이들에게서 아득한 유년의 나를 만나기도 한다. 꼬맹이에게서 걸어 나온 나는 세상의 곧은 길 굽은 길을 걷고 걸어서 마침내 어르신께로 스며들 것이다.

어느새 나는 그 길의 반환점을 지나고도 한참을 온 것 같다. 벅찬 환희와 깊은 슬픔, 영과 욕을 겪으면서 때로는 의연했으나 더러는 비겁하기도 했던 게 한 개인사가 아닐까. 그렇듯 반전에 반전을 거듭한 끝에 거머쥐는 것이 자신과 타자에 대한 연민이며 인간애이리라. 이 순간에도 이쪽에서 저쪽으로 시간은 유장하게 흐른다.

어둠이 한 겹 내려앉는데 미끄럼틀 아래 할머니 한 분과 여섯 살쯤

된 여자아이가 마주 앉아있다. 호기심에 그들 곁으로 다가간다. 정수리에 머리를 풀포기 모양으로 묶은 꼬마는 페트병에 모래를 채우느라고 여념이 없다. 은빛 커트머리의 할머니가 치맛자락을 앞으로 거둬 모은 채 쪼그리고 앉아서 참견을 하신다.

"해 빠졌는데 와 집에 안 가노?"

"엄마가 데리러 온댔어요.

섣달그믐밤

임금이 나를 바라보고 있다. 나는 오십 보쯤 떨어진 곳에 앉아서 그의 곡진한 시선을 느끼고 있다. 그는 나를 찬찬히 헤아리고, 나는 그의 마음을 깊이 들여다본다. 그의 고뇌가 무엇인지를 백성의 눈도 어미의 가슴도 아닌, 한 인간의 마음으로 짚어본다.

그의 휘는 혼琿이며 조선 15대 임금이다. 어느 왕자가 세자가 되느냐로 신하들이 밤낮으로 싸웠다. 마침내 왕이 되었으나 서출의 올가미는 촘촘하고 단단했다. 그의 영민함은 차츰 흐려지고 분노가 칼날처럼 벼려졌다. 어린 동생을 죽이고 그 어미를 폐하는 패륜을 저질렀다. 하여 광해군으로 강등되었으나, 그것은 나중의 일이며 지금의 그는 어진 군주이다.

임금의 가슴에 얹힌 맷돌은 무겁다. 시종들이 밤을 꼬박 밝히며 그를 지키고 있지만 그는 두려움에 휩싸여있다. 상소들, 간언들, 산적한 난제들로 인해 그의 숨결은 거칠고 왜, 명, 청 사이에서 그의 고뇌는 깊어만 간다. 칠흑 같은 섣달그믐밤, 임금은 그래서 외롭다.

이 밤에 내가 임금을 불러낸 까닭은, 그가 아직 임금이었던 어느 해 과거시험에 "섣달그믐밤의 쓸쓸함에 대하여 논하라"를 시제로 내렸다는 사실을 불현듯 기억해 냈기 때문이다. 그를 생각하자 그의 쓸쓸함이 내게로 와서 무너지고 사무친다. 임금과 내가 생각하는 바, 해야 할 바가 매우 다를 것이기에 그의 고뇌와 나의 고뇌 또한 사뭇 다를 터이다. 하지만 섣달그믐밤에 한 인간에게 사무치는 쓸쓸함이야 무에 그리 다르랴.

　해야 할 일들이 많았다. 잘했거나 못했거나 해는 저물었다. 엘리베이터 앞에 잠시 서 있다가 계단으로 몸을 돌렸다. 지쳐있었는데 무슨 심사인지 스스로도 몰랐다. 3층서부터 숨이 찼고, 7층쯤에서 종아리가 당겨서 무릎을 짚고 쉬었다. 9층에선가 허리에 손을 얹고 몸을 젖혔다. 그렇듯 헉헉대며 20층까지 올라갔다가 다시 12층으로 내려왔다. 저녁 여덟 시가 조금 넘어있었다. 몇 가지 일을 더 처리하고 늦은 밤이 되었다.
　몸과 마음이 함께 고단하다. 거실에 놓인 다탁에서 뜨거운 메밀차를 마셨다 놓았다 하며 창밖을 내다본다. 자동차 헤드라이트들이 길고 긴 빛의 줄기를 만들고 있다. 가로등 불빛들은 강물에 주황빛으로 누워 있고, "멋진 나라 대한민국" "하이마트" 옥상간판 글씨들이 선명하다. "7천9백만 원" 뜻이 모호한 숫자도 커다랗게 보인다. 달도 별도 보이지 않는 그믐밤을 수많은 전등 불빛이 대신 밝혀주고 있다. 밤은 그러므로 환하다.

 세찬 바람이 창에 부딪쳐 울어대는 밤, 문득 누군가가 미어지게 그리운 밤, 낮에 보았던 새들이 어디에서 잠자고 있는지 그 향방이 묘연한 밤, 밝아올 날에 맞닥뜨리게 될 일들이 두렵다. 그 절대고독 속에 임금과 내가 앉아있다. 그도 혼자고 나도 혼자다.
 "섣달그믐밤의 쓸쓸함, 그 까닭은 무엇인가" 제목을 쓴다. 첫 문장이 좀처럼 나오지 않는다. 4백 년 전의 임금이 나를 보고 있다. 지필묵 대신 컴퓨터를 마주 보고 있는 늙은 나를 젊은 군주가 낯설게 그러나 다정하게 바라보며 기다리고 있다. 혼자인 내가 혼자인 그에게 답한다.

 나랏일이 지난하고, 백성의 안위가 천근의 근심이며, 날로 드세지는 정쟁 때문에 권좌가 등불처럼 흔들리니 고뇌가 어찌 아니 깊겠습니까. 또한 욕망에서 비롯되었을 고통과 불안이 당신을 짓누르고 있겠지요. 패배에 대한 두려움, 일련의 현상에 대한 부정否定적 심경이 당신을 괴롭히리라 여깁니다. 한 해를 보낸 안도와 휴식보다 맞아야 할 시간 앞에 당신은 떨고 있습니다. 저녁에 집에 들면서 저는 일부러 계단을 올랐습니다. 몸은 어렵잖게 집에 이르렀으나 디뎌야 할 수많은 계단이 여전히 앞에 놓여있었습니다. 막막했다면 이해하시겠는지요.

당신과 저는 4백 년의 시차를 두고 각각의 근심으로 밤을 지새우고 있습니다. 말씀드리건대, 한 인간의 근원적인 고독은 임금과 필부가 다르지 않다는 것입니다. 세계와 동떨어져서 홀로 앉아있는 밤, 고뇌는 철저히 혼자만의 것이 됩니다. 방도가 없습니다. 그러니 이겨내야 하고, 어떤 경우에도 희망의 끈을 놓지 않아야 합니다. 무엇보다 의연해야 합니다. 이런 말들이 당신에게 위안이 되고 힘이 되었으면 합니다. 임금이시여, 미치지[及] 못하는 변설로 덧붙입니다. 당신의 하늘은 달빛이 없어서 캄캄하고, 저의 하늘은 전등불빛으로 대낮같이 밝습니다. 너무 캄캄한 밤도, 지나치게 밝은 밤도 인간을 몹시 쓸쓸하게 만드는 것이지요. 그러니까 까닭도 탓도 오직 밤에게 있는 것입니다. 하물며 섣달그믐밤이겠습니까.

    섣달그믐밤이 하도 길어서 오래전 이 밤에 몹시도 쓸쓸했을 젊은 임금과 그 하염없음을 나누려 하였다. 임금은 그러나 홀연 사라지고, 휘청거리며 살아온 내 모습만 불빛 아래 또렷이 드러난다.

국화꽃 피다

국화꽃이 피었다.

청도 운문사 소나무 숲속 젖은 땅에서 손가락 길이의 국화 한 줄기를 뽑아왔었다. 가는 뿌리를 감싼 한 줌 흙을 그대로 떠와서 화분에 고이 심었다. 비록 한 줄기일지라도 제자리에서 가져오는 게 마뜩지 않고, 또 그럴 만큼 국화가 희귀한 것도 아닌데 그날은 무슨 맘에선지 그리하였다.

그 여린 몸으로 줄기를 하나둘 늘여가나 했더니, 겨울이 깊어지자 몰골이 말이 아니게 말라 비틀어져서 화분 위에 널브러졌다. 봄이면 잔해를 비집고 파릇하니 새싹이 돋아나고 겨울이 되면 말라죽기를 거듭하면서 몸집을 불려 나갔다. 삼 년째 접어드는 어느 날 아침, 아주 작은 꽃망울이 여러 개 맺힌 것을 보았다. 마침내 꽃이 필 모양이다.

'마침내 꽃이 필 모양이다', 그날이 작년 6월 28일이다. (날짜를 기억하는 것에 무슨 의미가 있다는 말인가.) 그리고 올해 다시 꽃이 피었다. 노란 꽃이다. 거실 한쪽 벽에 시「국화 옆에서」가 10년이 넘게

서예작품으로 걸려 있다. 그 시를 좋아했으나 많은 시간 무심히 지나쳤다. 그런데 어느 때부턴가 시가 자주, 예사롭지 않게 다가와서 가슴이 저리는 것이다.

'인제는 돌아와 거울 앞에 선/ 내 누님같이 생긴 꽃이여'

내가 그래야 한다는 생각이 들었다. 화려하지도 아름답지도 않지만 신산한 세월을 웬만큼 살아낸 자의 얼굴과 심성을 가진 누님 또는 누님같이 생긴 꽃, 그게 나여야 한다는 생각을 했다. 꽃은 꽃이되 누님같이 생긴 꽃, 그 의미가 아주 천천히 내게 오더니 나를 조용히 불러 앉히고는 스스로를 들여다보게 하였다. 그 느낌은 무겁지도 않고 까다롭지도 않으며 오히려 잔잔하게 무늬 지는 기쁨 같은 것이었다.

그냥 두었으면 더 좋았을 그 젖은 땅에서 줄기 하나를 뽑아온 내 의식의 심연에는 꽃을 피워보고자 하는 소망이 있었던가 보다. 내년에도 꽃은 필 것이다. 하지만 나는 아직 '국화꽃'을 피우지 못했다. 이제 겨우 꽃의 의미를 헤아리며 그 표정이나 심성이 좀 더 확연하게 형상화하기를 기다릴 뿐이다. 그리고 '피다'를 다시 깊게 들여다보아야 한다.

그날부터 -프롤로그

 글의 제목을 「그날부터」라고 써놓고 보니 마음에 든다. 무작정, 어떤 의도도 없이 글을 써 내려가고 싶다. 마음에 들어찼다가 빠져나가는 생각들, 느낌들을 흐르면 흐르는 대로 막히면 또 그대로 그냥 쓰리라. 몹시도 아프면 줄줄 눈물을 흘리면서, 바람이 불면 바람 따라 흔들리면서, 환희에 떨면서, 괴로워하면서 그렇게 마음이 시키는 대로 쓰려 한다. 요컨대 나는 글쓰기의 자유를 누리고 싶다.
 「그날부터」는 장 그르니에의 산문 「空의 매혹」에서 따왔다. 이 '그날부터'는 그르니에가 처음으로 無의 의미를 느낀 그날부터이다. 누구에게나 '그날부터'는 있을 터이다. 언제였던가, 나에게 의미가 된 그날은. 굳이 어느 날부터라고 금을 그을 이유가 어디에 있는가. 어머니에게서 탯줄이 끊어지던 그날, 혹은 꽃고무신 도랑물에 살랑살랑 씻던 그날, 천지에 벚꽃이 환하던 어느 봄날, 내 인생에 있었던 수많은 그날, 내 살아서 맛있는 숨을 쉬는 그날이면 족하리.
 아무튼, 찬란하리만큼 아름답거나 죽을 만큼 지친 그 하루면 그만이다. 이 글을 시작하는 오늘도 훗날에는 그날이 된다. '그날부터'란 제목 아래로 끝없이 글을 쓰게 되리란 예감이다. 오래오래 그러다가 죽을 때까지. 그래서 이 글의 에필로그는 쓸 수 없을지도 모르겠다.

　내 평생 재미있어 죽겠는 일은 읽기와 쓰기이다. 나는 이미 이 글을 쓰기 시작해서 그 절반을 즐기고 있으며 이 글 사이사이에 끼어들, 읽기에서 얻은 사유의 편린들과 글 밖에서 계속될 다른 읽기가 나머지 절반의 즐거움을 채워 주리라 생각한다.

　장 그르니에의 철학적이면서도 아름다운 문장들, 헤르만 헤세의 빛나는 문체, 찰스 램, 연암, 이태준, 김용준의 수필, 박완서의 입맛에 착착 감기는 말들의 성찬, 김용택의, 구효서의 인간 냄새 진득한 산문들, 그 속에서 살아가고 있으니 물 한 모금 못 마신다 해도 목마르지 않으리.

오후 네 시 -프롤로그

내 의지는 문장 앞에 무력하다. 문장을 이어가야 내가 살 수 있다. 내게 문장은 밥 같은 것이다.

머릿속에, 심중에 문자들이 바람결로 일렁인다. 비단실처럼 보드랍게 휘감기고, 때로는 히스클리프의 언덕처럼 폭풍이 몰아치기도 한다. 그럴듯한 문장 하나가 가슴을 벅차게도 하고, 아무짝에도 쓸모없는 잡생각들이 무질서하게 난무하기도 한다. 그런 심경들을 일기로 써서 "수필일기"라 이름 짓고 2007년에 책을 한 권 냈다. 『국화꽃 피다』이다. 이 작은 책에 담긴 글들은 정제되지 않은 최초의 문장들이므로 나와 가장 밀착되어 있다. 그래서 이 책을 나는 수필집들보다 더 좋아했다.

그리고…

일기쓰기를 그만두었다. 어느 날 문득 부질없다는 생각이 들었다. 자투리 사유들을 끼적인다고 글이 되지도 않거니와, 더러는 치졸한 감상에 머무는 내용이 되어버리기 때문이다. 게다가 훌훌 날려버려도 좋을 기억들을 공연히 쌓아둠으로써 근심덩어리의 곳간이 되고 만다는 생각도 들었다. 하지만 사는 게 그렇다. 그런 마음이면 그만두면 되는데 시도 때도 없이 떠오르는 어휘나 문장을 어쩌지 못한다. 지금 생각으로는 글을 쓸 수 있을 때까지, 그러니까 무기한으로 쓸 생각이다. 헛헛하다. 시리다. 이 허기를 읽을거리와 쓸거리로 채워야지, 달리 무슨 수가 있으랴.

나이가 적지 않으니 마음을 적잖이 주고받았을 터, 휘휘 둘러보아도 애틋한 정인은 보일 듯 말 듯하다. 지인은 많은데 정인이 드물다면 그건 순전히 내 탓이다. 진심을 주지 못하였기에 추호의 서운함도 있다 할 수 없거늘. 이제 주지 못하고 받지 못한 마음을 글로 쓰나니, 이 작업이야말로 내 마지막까지 위안이 될 애틋한 벗이 아니런가.

지금 내가 서 있는 시간이 어딘가. 어두운 산수로 계산해 보니 대략 오후 네 시쯤, 정직하게 말한다면 다섯 시나 여섯 시가 맞을 것이지만 나는 염치없이 '오후 네 시'라고 우기고 싶다. 뭐랄까, 오후 네 시에는 문학적 향내가 난다. 아마도 내 시간은 신이 마련한 시간과 다를 것이다. 내일을 모르는 인간이 자신의 시간이 여덟 시간이나 남았다고 하면 자비로운 나의 신은 그저 긍휼히 여기리.

그리하여 나는 "오후 네 시"를 표제로 두 번째 산문산책을 시작하는 것이다. 몇 해 전 이 지면에 연재했던 산문산책 "그날부터"에서도 비슷한 말을 하였다. 이 글은 독서일기, 수필일기이다. 이 글은 또한 수필이라는 형체가 되기 전의 질료 같은 것이다. 나는 글쓰기의 자유를 열망한다. 하여 까다로운 수필적 제약을 배제한다. '나'라는 일인칭도, 터부시하는 접속사도 마음껏 쓰련다. 동어반복도 주저하지 않겠다. 막 써 내려가는 글이다. 꼭지의 길이도 제멋대로이다. 그저 문장일 뿐이다. 내 인생의 오후 네 시쯤에 시작한 이 문장들이 오후 여덟 시 혹은 자정까지 이어지길 바란다.

5

사투리 수필

울 할매

"우야꼬, 우야꼬, 요 두 눈이 새까망 걸 우웨 직이꼬!" 할매가 내를 업고 달포나 넘끼 월배 신의사한테 댕길 땝니더. 앞거름 넘꼬 지당들 지내고 한거랑도 건니가 댕깄심더. 한날은 널따란 방구돌에 내를 니라노코 털퍼덕 주저앉띠, 한숨을 짚둥걸이 수면서 고런 말을 하시는 기라예. 내가 댓 살이나 됐을 낍니더. 뇌막염에 걸리가 마카 죽을 끼라 캤샀답니더.

옴마는 젖믹이 동상도 있고 들에 중참도 갖다 날라야 되이끼네, 할매가 내를 두더기로 끼리업고 병원에 댕깄는 갑심더. 심에 부치마 아무 데나 앉어가 숨 돌리고 가는데, 의사한테 먼 말을 들었는지 그라고 눈물을 쭈루룩 흘리는 기라예. 그래 내가 할매 조고리를 붙잡고 "할매 내 안 죽을끼다." 캤십니더. "요누무 가서나가 내 믹살이를 잡꼬 눈알이 밴들밴들하이 달라드는 기라." 울 할매 심심하마 그 말 했십니더.

우웨끼나, 나는 안죽꺼지 밍줄이 붙어가 그때 할매맹키는 아이지

5부_사투리 수필

만 낼모레 손지 볼 나가 됐심더. 울 할매는 요샛말로 여장부라서 "내 핵교만 지대로 댕깄시마 박순천(그 시절 여성 정치인)은 저리 가랄 낀데."란 말을 노상 하민서 큰소리를 떵떵 쳤심더. 그 성질에 울 옴마 시집살이 디기 시깄지예.

막내이 고모 치울 때 혼시하로 큰자아 갔다가 깍쟁이가 쌔삐릿다 카는 말을 들어가 신경이 짱백이꺼지 뻗칬덩 기라예. 장 다 보고나이 울 할매 맴이 푹 노이가 장이 떠니러 가라고 "보이소! 깍째이요, 내 주무이 가~가소!"라꼬 소리 지리미 꼬장주에서 빈 주무이를 빼가 빙빙 둘맀다 안 캅니꺼. 그러키 갱장한 성질 따문에 미느리 조캐미느리들은 할매만 보마 꼬내이 앞에 쥐기라예.

한번 성이 났다카마 "이누무 인내야!" 고래고래 소리를 질러사가 옴마나 아지매들이 식겁하고 벌벌 떨었덩 기라예. 그란데 그 '인내'란 말이 내를 무지하이 해깔리게 했어예. 중핵교에 댕기던 잔아재 앞일배이 책상 앞 비름빡에 요런 조오가 붙어 있었어예. "인내는 쓰다. 그러나 그 열매는 달다." 재구 글을 깨치가 연필똥개이로 아무 조오나 대이는 대로 글짜를 씨던 내가 일꼬 또 일러도 무신 말인지 모르겠능 기라예. 할매가 옴마를 "이누무 인내야!" 카미 머라 카는데 그 '인내'가 이 '인내'마 아재는 와 이따구 걸 붙이 났노?

암만 생각해바도 모리겠으가 아재한테 물어봤디만 울 아재 하는 말이 "일마 니는 몰라도 돼." 인자사 생각해보이 할매가 아지매들 부릴 때는 '인내'가 아이고 '인네'고, 그기 '여인네'를 줄안 말 아이겠나 카는 생각이 드는 기라예.

　우짜던동, 살민서 울 할매가 생각키면 시도 때도 없이 내 가심이 째질라 캅니더. 나는 밍이 댓줄이라가 안 죽었지만 내 바로 우에 오래비가 열두 살에 뇌염 걸리가 도립병원에서 죽었일 때, 울 할매 및십 년 삼동네 의원질 하던 침때롱을 불이 벌건 부석에 떤지뿄립더. 울 할매 목놔가 울민서 "알짱 겉은 손지새끼 직이 놓고 이따구 침이 무신 지랄이고!" 캤십니더.

　손지 갖다 묻은 기 할매 가심에 대못 치는 일 맨첨은 아입니더. 그너더 해 앞에 울 아부지도 시상 비릿덩 기라예. 조선에 없는 맏아들 앞 시우고 근거이 추시리고 사는데 손지꺼지 잃아뿟시니 가심이 타도 어데 기양 탔겠능교. 숯디이가 돼도 시커먼 숯디이가 됐지예. 그기 다가 아입니더. 여나무 해 뒤에 또 울 옴마가 빙이 들어 저시상에 가뿄십더.

　울 옴마 성내서 시상 비리가 고향집 앞에로 생이가 나가는데 생이꾼이 노잣돈 우릇는다꼬 집 앞에 생이를 시우고 버티이끼네 누가 큰 소리를 내질렀어예. "노모 기신다, 쌔기 가자!" 배깥일 모린 척하고 들앉었는 노모가 바로 할매 아인교. 암매, 할매 맴 아푸까바 당숙부가 그캤는 갑십니더.

　할부지는 말할 꺼도 없꼬, 아들, 손지, 미느리 당산에 갖다 내삐리고 울 할매 우웨 살았겠십니꺼? 삼동네가 무시라했던 욕쟁이 할매에다가 인물은 또 얼매나 휜했다고예. 그 할매가 열맥이 풀어지고 수가 죽어가 내 비기에는 자꾸 짝아지데예. "내 살아온 거 책으로 씩마 바소구리로 한 거는 될 끼다." 카싰는데, 하매요 할매 두말하마 머 합니꺼. 그 책 속에 머이 들었는지 내 다 모리겠지마는 짚어보마 빌의빌 기맥힌 일들이 다 있었겠지예. 할매가 누군교. 왜정시대, 대동아전쟁, 육이오 난리 다 젂고도 집안 거두미 살아낸 역사의 생생한 징인 아인교.

울 할매 한 대소구리도 안되기 쪼깬하고 해깝어져가 저시상 가시뿌린 지도 서른 해가 넘었심더. 시방도 할매 생각키마 내 가심이 턱턱 맥히뿌는 기라예. 무시라 무시라 캐도 손지 애끼는 거는 유빌랐는데….

내가 노상 아퍼가 "이누무 가서나는 시집보낼 쩍에 논이라도 댓 마지기 딸리조야 누가 델꼬 가도 안 델꼬 가겠나." 카는 말 술찮케 들으미 컸지예. 빙치리 하니라고 사램 꼴이 될랑가 싶어 캤는 말일 낍니더.

친정 산소에 갈 쩍 마중 할매 앞에 머리 수구리고 절하미 "할매 논 댓 마지기 안 딸리조도 내 잘 삽니더. 애 마이 믹있지예. 그라고! 거꺼지 가시가 옴마 딘 시집살이 시기는 거는 아이지예?"라 카면, 울 할매 "저누무 소~온 다 디져 가디 입만 살어가~" 카미 웃으시는 거 같십니더. 그 할매가 뻐덕거리마 억수로 보고접심니더.

옴마, 옴마, 울 옴마

 내는 와 옴마한테 글을 안 갈챘겠노. 와 그 생각을 몬 했는지 기가 찹니더. 시건[1]이 업서도 우째 그러키 업섰는강, 암짜도 썰데업는 가똑똑인 기라예.
 옴마 살았을 직에 내 이뿐 딸내미라꼬 생각했십니더. 애 안 믹이고 컸다고 생각했심더. 시상에 효자효녀는 업따는 거 옴마 시상[2] 배리고도 한참 지내서야 알았십니더. 다른 거 말로 하마 머 하겠노. 옴마 일짜무식 까망눈으로 살다 가기 한 딸자석이. 옴마 옴마 안 답답했심니꺼. 와 글 갈채돌라꼬 말 안 했심니꺼. 딸 너이 아들 하나 혼차 공부시긴 옴마가 불효막심한 자석새끼들 머라 카지도 안코.
 울 옴마, 백오십삼 센치나 됐어까. 쪼맨하고 오동통했지예. 눈은 속쌈시불 찌고 코는 낮도 높도 안 하고 콧구무가 쬐끔 들린 개롬한 얼굴에 끝꺼지 비내[3] 찌르고 사신, 머 박색도 일색도 몬 되는 여자였지예. 야물딱지기는 시상에 두째가라 하마 설벘지예. 옥양목 치매조고리에 밍비[4] 앞치매 두리고 정짓깐 장독깐 발빠닥 닳키 삐대고, 짱백이[5]에

따뱅이[6] 언저가 새참, 중참 반티[7] 모가지 뿌라지기 이고 논때기 밭때기로 댕길 때 여사로 생각했심더. 옴마는 그래 사는 기라꼬.

아부지가 술자리에 수타 갖다 내삐리고도 남가준 전답도 술찮았는데 옴마, 옴마는 와 그래 살았십니꺼. 그러키 새빠지게 안 살아도 밥은 묵었는데. 그 전답 옴마 독 씻고 단지 씻고 하나뿐인 아들이 어지가이 축내고도 안죽꺼지 남아서 옴마 눈에 너어도 안 아푸다 캤던 손지차지 됐심더. 그 손지 지 애비 안 닮아서 잘 징기고 있어예. 하이고~ 다행이지러, 다행이지러.

"우리 가시나들은 얼음구디이 갖다나도 잘 살낀데 저거 개랄[8] 겉은 저거는 지꺼 업스마 굶는대이." 옴마 그런 말할 직에는 맥지 카는 소리라꼬 귀시브럭지로 흘렸는데 한참 나 들어가 생각해 보이 그기 너거는 궁물도 업따 그 말입디더. 그러키 주무이 들온 돈은 내놀 줄 모리고 살어가 아들 다 주고 가시서 좋았지예? 그까지 꺼 유감업심더. 얼음구디는 아이지만 딸 너이 넘의 집에 돈 안 채로가고 삽니더.

옴마, 옴마, 울 옴마, 이할배[9]는 와 이아재[10]는 경대 법대꺼지 시기고 옴마는 핵교 문찌방도 몬 넘게 해가 '가'짜 뒷달구지도 모리게 하있으까예? 그거 모리잔심더. 식짠은 가시나라꼬 그래께찌예. 그러키 당코도 옴마는 또 와 가시나 머슴아 가맀능교. 딸 너이 아들 너이 놓아가 아들 서이 잃아뿌고 가시나는 너이 다 건지가 아들, 아들 하신 거 모리지는 안심더. 그래도 그러치, 오래비는 졸업할 직에 앨범 사주고 내는 앨범도 안 사조가 앨범도 업시 졸업해가 억수로 설벘심더. 하이고~ 내가 이카면 죄 받지러, 내 동무 희야, 자야, 공장에 실 풀로 갔는데 옴마는 딸자석들 다 핵교 보냈지예. 오감코도 오감치예.

좀 오래됐심더. 여개저개서 문맹어른들 글 갈채는 거 유행하기 시작했심더. 그 어른들이 글짜를 깨우치가 장빠닥을 돌아댕기시민서 간판 읽는다꼬 장이 떠니리가기 떠들어댔어예. 글짜 읽는 기 신기해가 윗어대고 손뼉치고 난리였는데 내는 각중에[11] 가심이 턱 맥히뿌릿어예. 울 옴마는 저거도 몬해보고 가싰네, 내는 머 하고 살았노. 내 눈이 밝어서 옴마 눈 어덥은 거 모리고, 옴마 답답은 거 꿈에도 모리고….

나[12]는 수무 살이나 어데로 묵었는공. 옴마는 거가 머 갈채는 덴지도 모리는 대학이나 댕기민서. 옴마, 내 대학 입학한 날 생각킵니꺼. "아이고~ 좋데이, 우째 이러키 좋노. 땡삐겉이 공부하디만~" 하싰지예. 그기 옴마 포안[13]진 말인 중도 모리고 "고마 카이소, 촌시럽구로." 내가 챙피시럽어 했는 거 내도록 맴에 걸렀심더.

옴마, 옴마, 울 옴마. 내가 커고 나 묵어가 글쨍이가 됐심더. 책도 마이 읽꼬, 글도 어지가이 씁니더. 옴마는 듣도 보도 몬한 '수필'(이거이 먼지 우째 말하마 옴마가 알아듣겠노.)이란 거를 짓는데 이기 바로 글짜놀음인기라예. 그리카나 천지삐까리인 글짜를 갖꼬 놀민서 생각했심더. 내는 와 옴마한테 글짜 몇 나를 몬 갈채가 이래 가심 치고 있노. 신경숙이라꼬 이름 날리는 소설가(소설가가 머 하는 사람이고 하마 이바구를 질다랗키 글로 씨는 사람입니더)가 있심더. 그 사람이 "엄마를 부탁해"라 카는 이바구책을 지어가 참말로 시상천지를 다 울렸심더. 그 이바구책에 나오는 주인공이 내나 소설간데 지가 소설가민서 저거 옴마한테 글짜 안 갈챘데예. 그라고 얼매 전에 수필 읽는데 글 모리는 옴마한테 시상 배린 아부지가 남가준 돈하고 통장 이바구데예. 내가 그 사람한테 전화했심더. 김 선상은 와 옴마한테 글 안 갈챘나꼬, 내 머라 캤심더. 참말로 도분[14]이 났는 기라예. 그 사람한테가 아이고 내한테 성이 났는 기라예. 시상에 내 겉은 자석이 수두룩뻑뻑 한갑십니더. 도리깨로 홀배야[15] 맞뜩은 것들이.

　옴마, 옴마, 울 옴마, 내 아홉 살인가 묵었을 직에 옴마가 내 상장으로 곡식자리 입을 막카서 내가 "옴마!" 빽 소리를 질렀지예. "야~가 와 이카노, 놀래 자빠지구로!" 그카민서도 옴마는 그 조오를 빼가 손으로 쓱쓱 문때서 내한테 주민서 "미안테이." 했심더. 글 모리는 옴마한테는 그기 그저 뚜꺼븐 조오라 곡식자리 주딩이 막후기에 딱 좋았찌예.

　옴마 글 갈채서 검정고시 보이가 졸업장도 타기 해디릴 낀데, 다 컨 자석이 다섯이나 돼갖꼬 아무도 그 생각 몬 했시이 불효도 이런 불효가 업심더. 울 옴마 빙들어 오만때만 고상만 하다가 오십너이에 가싰는데 옴마보다 여섯 살이나 더 묵은 내는 안죽꺼지도 천지분간을 몬하고 지가 잘나서 사는 중 압니더. 옴마 저시상 가신 그때 그 시건머리 업는 헛똑똑이 수무 살이나 진배 업심더. 옴마, 옴마, 울 옴마.

□ 주 ─────────────
　1) 소견, 생각
　2) 세상
　3) 비녀
　4) 무명
　5) 정수리
　6) 퐈리
　7) 네모모형의 나무함지박
　8) 계란
　9) 외할아버지
　10) 외삼촌
　11) 갑자기
　12) 나이
　13) 포한
　14) 화
　15) 두들겨 패야

잔아부지 진갑잔치

 옌날 내 컬 쩍에는 한갑잔치를 삼동네가 모지가 했심더. 한갑잔치 카이 똑띡키 생각키는 기 있심더. 붙들이 할매(붙들이는 내 동문데 학꾜 이름은 '부돌'임니더.) 한갑 때 마실 아재들이 사닥따리에 뚜꺼븐 요를 얹꼬 붙들이 할매를 그 우에 안차가 마실 한 바꾸를 돌았심더. 할매는 입이 한 박재기[1]로 째져라 윗어대민서 두 팔띠기로 너풀너풀 춤 치싰심더. 그 할매 얼매 안 되가 시상 배맀는데 8월 땡떠부였어예. 생이[2]를 미고 나가는데 꿍~꿍~ 알는 소리가 나가꼬 마카 기암초풍 하고 나자빠졌어예. 할매가 살아났는 기라예. 그란데 할매가 사흘 재구[3] 넘구고 재불[4] 돌아가시가 사람들이 "아이고 우야꼬~ 시상에! 할매도 와 이라는교? 꽁당버리밥하고 지릉빼이[5] 엄는 살림에 초상을 새로 치기 하시노. 상주 새 빠지구로." 그래 말했심더.
 이바구가 질어짔심더. 이 이바구를 벡지 하는 기 아이고 고때는 한갑꺼지 사는 사람이 짜더러 만치 안았다 카는 깁니더. 한갑 진갑 다 지냈다 카마 오래 살았다는 말이지예. 인자는 한갑잔치가 엄서진 거

겉심더. 자슥들이 모지가 항꾸네 밥 묵꼬 선물을 디리던가 원족을 보내 디리던가 머 그러키 하지예.

잔아부지는 내보다 여~ 살 우엡니더. 그라이끼네 올개 칠십이지예. 벌씨로 여덜 해나 지냈네예. 잔아부지는 요란 뻑즉지근하기 진갑잔치를 했심더. 성님들보담 두 배로 살았으이 그랄만 하지예. 팔공산이라꼬 알지예? 거에 있는 식당을 전세 내가 대구는 말할 거도 엄꼬 산지사방 시시마꿈 사는 일가부치들을 모지리[6] 불렀심더. 육십둘꺼지 살어가 갱사났다꼬~.

내 아~ 쩍에는 잔아부지를 잔아재라고 불렀어예. 잔아재 수물다선 가에 장개갔는데 고때부텀 잔아부지로 불렀심더. 여 살 우에마 장난치미 놀아도 될 낀데 우리 집은 그랄 수 엄는 기 잔아부지가 젤 어른이라가 그런 깁니더. 울 아부지가 팔남매 마진데 잔아부지는 망내이였어예. 우로 성님 서이가 마카 마흔도 안 돼가 시상 배리가 잔아부지는 조선에 엄는 어른이 되뿌린 기라예.

나[7]가 우예 됐끼나 촌수 낮은 피부치들은 잔아부지 앞에서 전치바꾸로 창가를 하고 춤치고 그랬심더. 잔아부지는 밍 짜린 집안에 밍쭐을 잇아가는 장한 일을 날마중 해내고 있는 기라예. 수물다서에 혼인해가 집안 어른이 되고, 장조카인 울 올배도 죽어뿌가 혼차 집 지키는 큰 남구가 됐지예.

생각해 보마 집안에 나 절믄 어른이 되는 기 얼매나 버겁고 애럽었겠심니꺼. 키도 작꼬 까무짭짭하고 눈도 커가 순해 빕니더. 오래 됐심더. 고때가 언젠지 퍼뜩 생각도 안 나네예. 감천리 산소를 군위로 한참[8]에 이장해야 되가 잔아부지는 온 산을 삐대고 댕기미 터를 봤어예. 그래가 아홉 상구 터를 정했어예. 그런 일을 갓 마흔에 혼차 한 깁니더. 울 할배를 속 빼 달마 꼭다시러버서[9] 아무도 딴소리를 몬 합니더. 그기 머 조은 기겠심니꺼. 고로븐 기지예.

잔아부지는 내한테 친정 아부지나 진배 엄심더. 잔옴마한테 짐치 담가 조라, 매실접 갓다 조라 함니더. 음력 7월에 할배할매 지사[10]가 있심더. 내는 이리키 나를 묵고도 친정지사 몬 빠짐니더. 택도 없심더. 지사 때 우리는 연도煉禱를 디립니더. 오번에도 연도 디리고 나가 말하싰어예. "9월 2일 날 벌초할 끼다. 비 오마 그 담채 주다." 영슌이 가실서리 겉심더.

잔아부지가 잔아재 쩍 이바구 쪼매 하께예. 아재가 아매 여나믄 살 묵었을 낍니더. 올배 둘하고 잔아재가 어데서 노다가 불발탄인가 먼가를 만짔는데 그기 터져가 각중에 난리가 났는기라예. 올배들은 잔아재보다 한 살, 시 살 아랩니더. 머심아 서이가 다치가 도립빙원에 실리 갔으이 절딴 났지예. 울 할매 허패 디비져가 오십사단꺼지 달구지 아푼 줄도 모리고 새가 빠지기 뛰가가 "젤로 높은 넘 나온나!" 꽘~ 지르고 난리쳐가 치료비 받어 내고, 얼매나 높은가는 모리지만 높은 사람이 와서 빌고 했다 캄니더. 잔올배는 손까락들이 붙어가 띠 내는 수술하고 큰올배와 잔아재는 마이 디가[11] 손에 숭이 졌심더. 동무 겉은 조카 둘도 커다가 죽고 절머서 죽고, 잔아부지 억수로 외로벘을 낌니

더. 펑퍼대 안자서 목 노코 실컨 우지도 몬하고, 맴 단디 묵고 어깨쭉 찌 심주고 사싰겠지예.

 잔아부지 진갑잔치 절때로 잊아뿌지 몬합니더. 팔공산이 떠니러 가라꼬 풍장치고 노던 날 생각했심더, 잔아부지가 살어낸 소 터래기 겉이 숫한 날들을.

□ 주
1) 바가지
2) 상여
3) 겨우
4) 다시
5) 간장밖에
6) 모두
7) 나이
8) 한꺼번에
9) 까다로워서
10) 제사
11) 데어서

작가 연보

- 1953. 경북 달성군 성서면 본리동 감천리에서
  아버지 허정수와 어머니 나순이의 2남 4녀 중 다섯째로 태어남
  대구 월배성당에서 유아세례 받음 (데레사)
- 1961. 본리초등학교 입학. 4학년 때 새싹회 주최 전국 백일장에서 산문 「감」으로 입상, 어린이 잡지 《어깨동무》에 게재됨
- 1967. 효성여자중학교 입학, 문예반 활동, 스승의 날 기념 전국공모에서 산문 「우리 선생님」으로 우수상 수상, 백일장 활동으로 졸업식 때 공로상 수상
- 1970. 경북여자고등학교 입학, 문예반 활동
- 1972. 효성여자대학교(현 대구가톨릭대학교) 약학과 입학, 76년 졸업. 약국 개설
- 1974. 1월 1일 어머니 선종
- 1980. 박용호와 대구 계산성당에서 혼배
- 1982. 3월 20일 딸 찬미 태어남
- 1984. 10월 1일 아들 일청 태어남
- 1989. 제17회 전국약사문예에서 「할머니 회상」으로 수필 부문 당선
- 1990. 《월간에세이》 2월호에 「뜰을 갖고 싶다」로 초회 추천, 10월에 「이장移葬」으로 완료추천 등단함.
- 1990~. 〈대구시 약사회〉 편집위원으로 수년간 활동하면서 약사회보에 콩트와 칼럼 「청심언」, 약사공론에 「춘추필적」 연재
- 1991. 《월간에세이》에 「허창옥 칼럼」 연재. 《매일신문》에 「여성칼럼」 씀
- 1993. 《매일신문》 「매일춘추」 집필
- 1994. 12월 30일 《매일신문》에 송년수필 「해 저문 날의 독백」 게재
  8월부터 5개월간 《영남일보》 주말영남에 「조제실 정담」 연재
  제6회 약사문학상 수상, 대한약사회장 표창
- 1995. 9월 15일 《영남일보》 여성 명사 릴레이 집필 「나의 소녀 시절」 게재
- 1996. 1월 3일 문학의 해 선포기념 TBC 생방송 "좋은 아침입니다" 출연
  2002년 "여성작가 3인 토크쇼" 출연, 2005년 "향토의 작가" 출연, 일상과 문학세계 조명
- 1997. 첫 번째 수필집 『말로 다 할 수 있다면』을 〈문학수첩〉에서 출간

- 1997.   제15회 대구문학상 수상
- 2000.   《매일신문》에 「내 쉴 곳은 작은 내 집뿐」 등 2007년까지 "주말에세이" 5회 게재
  2월 29일 《대구일보》 새천년특집 「나의 문학, 나의 21세기」 게재
  《대구문학》 봄호 새천년특집 「21세기 문학의 전망과 과제」에 「문학, 그 영원한 효용성」 발표
- 2002.   한국문예진흥원 문예진흥지원금 수혜, 두 번째 수필집 『길』을 〈도서출판 그루〉에서 출간
- 2005.   계간 《수필세계》 봄호~2010년 봄호까지 산문산책 「그날부터」 연재
- 2007.   산문집 『국화꽃 피다』를 〈북랜드〉에서 출간
  10월 3일 대구문학제 시노래 축제 중 노랫말 「그대 뒷모습」을 써서 고무밴드의 김영주 님이 작곡, 노래함
- 2008.   세 번째 수필집 『먼 곳 또는 섬』을 〈선우미디어〉에서 출간
- 2009~2019. 《매일신문》 신춘문예, 《매일신문》 시니어문학상,
  대구일보 〈경북문화대전 전국수필대전〉
  영남일보 〈책사랑 전국주부수필 공모전〉 등 수차례 심사
- 2010.   수필선집 『세월』 현대수필가 100인선 〈좋은수필사〉 출간
- 2013.   네 번째 수필집 『새』를 〈선우미디어〉에서 출간
  산문집 『그날부터』를 〈수필세계사〉에서 출간
- 2014.   수필선집 『섣달그믐밤』을 〈선우미디어〉에서 출간
- 2017.   《영남일보》 「여성칼럼」 12회 연재
- 2017~현재. 계간 《수필세계》에 산문산책·2 「오후 네 시」 연재
- 2020.   다섯 번째 수필집 『감감무소식』을 〈선우미디어〉에서 출간
- 2023.   산문집 『오후 네 시』를 〈수필세계사〉에서 출간
- 2024.   수필선집 『길 떠나기 그리고 걷기』를 〈북랜드〉에서 출간

■ 저서

■ 수필집
- 『말로 다 할 수 있다면』(문학수첩, 1997년)
- 『길』(도서출판 그루, 2002년)

- 『먼 곳 또는 섬』(선우미디어, 2008년)
- 『새』(선우미디어, 2013년)
- 『감감무소식』(선우미디어, 2020년)

■ 산문집
- 『국화꽃 피다』(북랜드, 2007년)
- 『그날부터』(수필세계사, 2013년)
- 『오후 네 시』(수필세계사, 2023년)

■ 수필선집
- 『세월』(현대수필가 100인선, 좋은수필사, 2010년)
- 『섣달그믐밤』(선우명수필선, 선우미디어, 2014년)
- 『길 떠나기 그리고 걷기』(한국현대수필 100년 100인선, 북랜드, 2024년)

■ 문단활동
- 1990~2004.　대구여성문인회 회원
- 1992~2004.　영남수필문학회 회원
- 1999~현재　　수필문우회 회원
- 2003~2005.　대구문협 수필분과위원장
- 2004~2005.　대구가톨릭문인회 부회장
- 2007~2010.　대구수필가협회 부회장
- 2013~2014.　대구수필가협회 회장
- 현재　　　　한국문인협회, 한국수필가협회, 수필문우회, 대구문인협회, 대구수필가협회, 대구가톨릭문인회 회원

■ 수상
- 제34회 한국수필가협회문학상(2016), 제1회 김규련수필문학상(2016)
- 제15회 대구문학상(1997), 제6회 약사문학상(1994)
- 한국문화예술진흥원 창작지원금 수혜(2002)